Mosaik

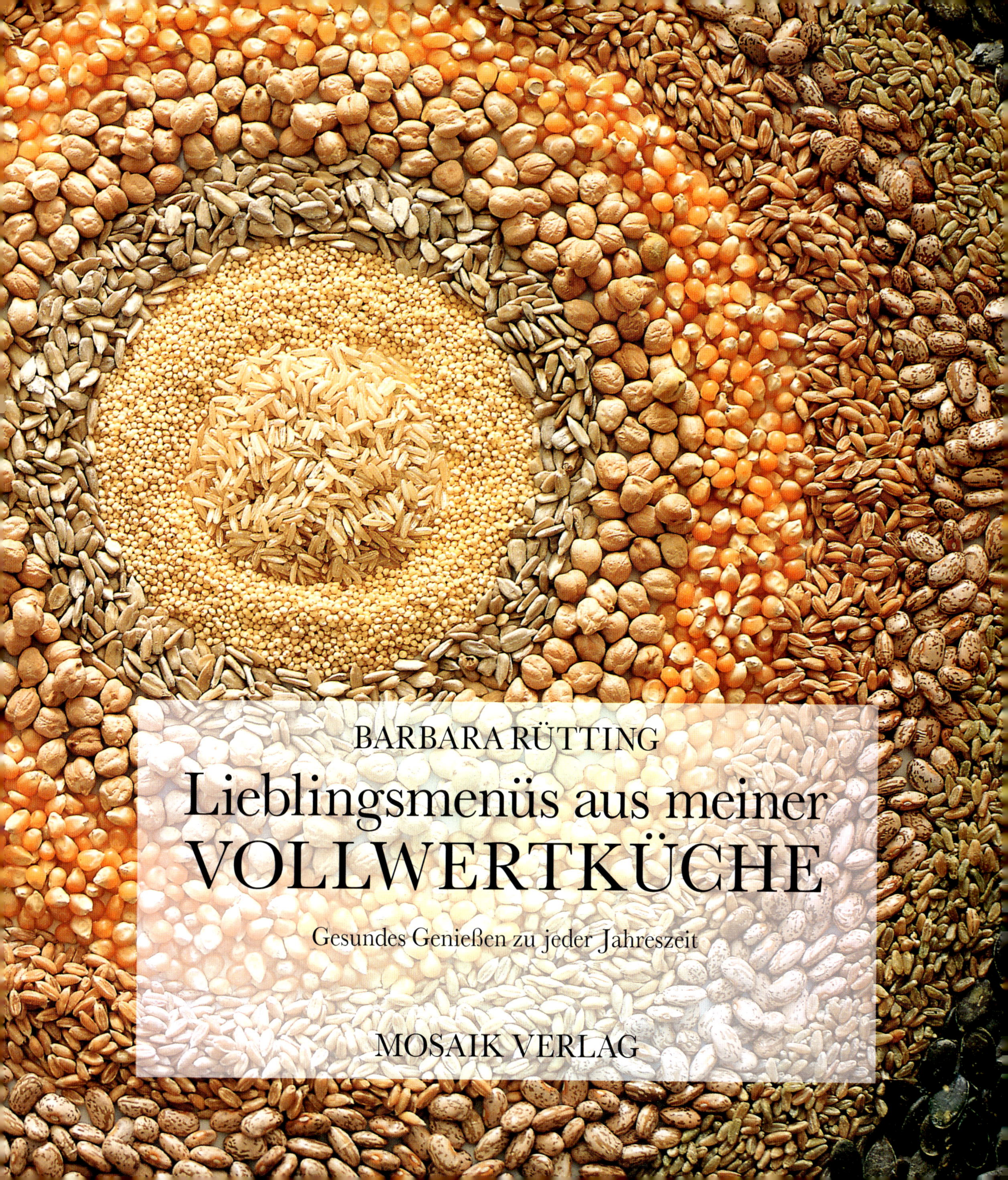

BARBARA RÜTTING

Lieblingsmenüs aus meiner VOLLWERTKÜCHE

Gesundes Genießen zu jeder Jahreszeit

MOSAIK VERLAG

Layout: Paul Wollweber
Umschlaggestaltung: Petra Dorkenwald
Redaktion: Cornelia Klaeger
Fotos: Wilkin Spitta
Styling: Ulrike Schmidt

Der Mosaik Verlag ist ein Unternehmen
der Verlagsgruppe Bertelsmann

Satz: Filmsatz Schröter GmbH, München
Reproduktion: ArtiLitho, Trento
Druck und Bindung: Mohndruck Graphische Betriebe GmbH, Gütersloh
Printed in Germany · ISBN 3-576-10051-2

INHALT

AH, DIESER KUCHEN IST KÖSTLICH!

Darf ein Kochbuch mit sogenannten »letzten Worten« beginnen?
– Ich wage es.
Ein Mann hat streng nach den Vorschriften des gerade modernen Ernährungspapstes gelebt. Mit allen Zeichen einer Unterernährung wird er ins Spital eingeliefert. Seine letzten Worte: aber keine Antibiotika, bitte!
Auch der erleuchtete Meister schickt sich an, seinen Körper zu verlassen. Alle Jünger sitzen um sein Bett, gespannt darauf, welche weisen Worte der Verehrte am Ende seines Lebens wohl von sich geben wird.
Nur einer der Jünger ist in die ferne Stadt gerannt, um einen bestimmten Kuchen zu kaufen, des Meisters Lieblingskuchen. In der Stunde des Todes an einen Kuchen zu denken! Alle schütteln die Köpfe.
Die Zeit vergeht. Die Jünger warten. Der sterbende Meister schweigt. Auch er scheint zu warten. Immer wieder schaut er zur Tür – durch die schließlich der Bursche stürmt – mit dem Kuchen!
Der Meister lächelt. »Da bist du ja«, sagt er; ißt mit letzter Kraft den Kuchen, lächelt wieder, meint: »Ah, dieser Kuchen ist köstlich!« und scheidet dahin.
Zwei Menschen – zwei Arten zu sterben, aber vor allem zwei Arten, zu leben! Der eine verweigert noch am Schluß – der andere genießt bis zum letzten Augenblick. Natürlich gefällt mir der Meister besser. Aber der andere tut mir leid. Was für ein trauriger Abgang! »Aber keine Antibiotika, bitte ...«
Je länger ich lebe, desto klarer wird mir, daß wir die Pflicht haben, glücklich zu sein; und Glück um uns zu verbreiten; aber nur wer selbst glücklich ist, kann auch andere glücklich machen. Nur wer sich selbst annimmt, sich selbst liebt, kann auch andere so annehmen, wie sie sind, kann auch andere so lieben, wie sie sind.
Dies ist ein langer und schwieriger Lernprozeß; in dem die Ernährung, so meine ich, eine wichtige Rolle spielt. Der Körper ist der Tempel der Seele. Dieser Tempel muß reingehalten und gepflegt werden, muß heilig gehalten werden, damit er heil bleibt.
In seiner Schrift »Yoga der Ernährung« schreibt der französische Philosoph Omraam Mikhael Aivanhov: »Die Eingeweihten haben der Erforschung der Ernährung große Bedeutung beigemessen. Sie haben festgestellt, daß die Nahrung, die in den göttlichen Laboratorien mit unsagbarer Weisheit bereitet wird, magische Elemente enthält, die die physische, wie auch die psychische Gesundheit erhalten oder wiederherstellen und zu den höchsten Erkenntnissen führen können ... eine Mahlzeit ist eine magische Handlung, durch die sich die Nahrung in Gesundheit, Kraft, Liebe und Licht verwandeln soll ... denkt beim Essen daran, der Nahrung eure Liebe zu schenken, denn dann öffnet sie sich und gibt euch all ihre Schätze. Nehmt die Blumen als Beispiel: wenn sie von der Sonne beschienen und erwärmt werden, öffnen sie sich, wenn die Sonne untergeht, schließen sie sich. Und die Nahrung? Wenn ihr sie nicht mit eurer Liebe erwärmt, bleibt sie verschlossen und gibt euch fast nichts. Wenn ihr sie aber mit Liebe eßt, dann öffnet sie sich, ihren Duft verströmend, und gibt euch ihre ätherischen Teilchen ... versucht, mit Liebe zu essen, und ihr werdet sehen, wie wunderbar ihr euch dann fühlt« ...
Aivanhov ist selbstredend Vertreter des Vegetarismus. Er zitiert die Schöpfungsgeschichte: »Sehet da, ich habe euch gegeben allerlei Kraut, das sich besamt, auf der ganzen Erde, und allerlei fruchbare Bäume, die sich besamen zu eurer Speise. Dies soll eure Nahrung sein«.
Ich tue das, was Aivanhov empfiehlt, ich halte meine Hände über meine Mahlzeit, bevor ich sie verzehre, sodaß ihre Schwingungen mit meinen Schwingungen eins werden.
»Wenn ihr eine Frucht eßt, nehmt sie in die Hand, sprecht freundlich zu ihr – zumindest in Gedanken – dann ändern sich ihre Schwingungen, und sie wird euch

gegenüber viel offener sein, und wenn ihr sie eßt, wird sie für euch arbeiten«.
Liebe Leserinnen und Leser, da Sie dieses Buch in die Hand genommen haben, sind sie vermutlich schon bewandert in der Zubereitung vegetarischer Gerichte. Ich gebe hier also keine Basisinformationen, sondern eine Auswahl meiner schönsten Menüs; denn immer wieder vernehme ich Stoßseufzer selbst erfahrener Köchinnen und Köche: »Wie stelle ich denn nun bloß schnell mal ein Menü zusammen?«
Es sind Rezepte, die in meinem Seminarzentrum bei den Teilnehmern besonderen Anklang gefunden haben. Wie immer steuerten auch meine vielen internationalen Freunde ihr Scherflein bei: So der Arzt und Präsident der bulgarischen Akupunkturgesellschaft Dr. Emil Iliev, ein begeisterter Hobbykoch, der sich an die Rezepte seiner Großmutter Baba Veska erinnert. Auch Werner Ultsch, den man, seiner Jugend zum Trotz, getrost als den Vater der österreichischen Naturküche bezeichnen kann, stellt kulinarische Köstlichkeiten vor, die er für unsere gemeinsamen Traumschiff-Kreuzfahrten kreiert hat. Da findet sich Erlesenes aus dem Schatzkästlein von Christel Kurz, von der Sie ja vielleicht bereits den von mir so getauften »Zauberteig« kennen; und für österreichische Schmankerl sorgt Helga Kandler – sie leitet das Vegetarische Restaurant in meinem Seminarzentrum. Exotisches präsentiert Devanando Weise, er führt in München ein vegetarisches Gourmet-Restaurant. Sie lesen aber auch, was zum Beispiel Dora in Italien aufgeschnappt hat und was andere gute Freundinnen und Freunde beitrugen. Ihnen allen möchte ich hier danken!
Ich habe die Menüs entsprechend den Jahreszeiten und ihren Farben zusammengestellt. Denn im allgemeinen ist es am besten, das zu essen, was am Ort in der jeweiligen Jahreszeit auch wächst.
Ich hoffe, daß Ihnen die Fotos genausoviel Appetit machen wie mir!
So liebe Freunde, und nun vergeßt mal (vorübergehend) alles, was wir Ernährungsleute so von uns geben. Hört auf, euch auf die Waage zu stellen und Kalorien zu zählen. Sensibilisiert euren Körper, horcht in ihn hinein – eßt das, was ihr eßt, mit Liebe und Wärme und Dankbarkeit – gönnt euch Ruhe beim Essen und genießt es, ganz nach dem Motto: »Ah, dieser Kuchen ist köstlich!«

Die Rezepte gelten – soweit nicht anders angegeben – für 4 Personen. Selbstverständlich werden nur vollwertige Produkte verwendet. Bei den Zutaten ist dies nicht immer extra angemerkt!

TL = Teelöffel
EL = Eßlöffel
Tasse = normale Haushaltstasse (ca. 0,2 l oder knapp 0,25 l)

WER SOLL WAS, ZU WELCHER TAGESZEIT ESSEN UND WARUM?

Die Verunsicherung vieler Menschen, die sich über ihre Ernährung Gedanken machen, wächst von Tag zu Tag. Auf kaum einem Gebiet gibt es so viele widersprüchliche Meinungen, sogar unter den sogenannten Experten. »20 Jahre lang habe ich Frischkornbrei und Frischkost gegessen!« schreibt eine Frau, »und es ging mir wunderbar dabei. Nun höre ich, die Vollwertkost und speziell der Frischkornbrei sollen gar nicht gesund sein! Was soll ich jetzt bloß machen?«

Frühstücken wie ein König ist auch schon nicht mehr »in«, liest man. Der Körper sei vormittags mit dem Ausscheiden beschäftigt und will deshalb bis mittags nur frisches Obst; und der Frischkornbrei liege sowieso wie ein Fußball im Magen, die Verdauungsarbeit sei so anstrengend, daß sich der Esser nach dem Frühstück gleich wieder ins Bett legen müsse, energiemäßig total auf der Strecke geblieben. Brot und gekochtes Getreide nie zusammen, und nie vor 14 Uhr, sagt der nächste; nach 14 Uhr überhaupt nichts Rohes mehr, warnt ein weiterer, denn da gärt es dann vor sich hin, weil der Körper das Grünzeug nach 14 Uhr nicht mehr verdauen will. Es gärt vor sich hin zu Alkohol, ja gar zu Formaldehyd und verursacht Schnapsnasen! Nach 18 Uhr kein Eiweiß, fordert wieder ein Ernährungsapostel, weil das im Körper über Nacht fault; Getreide dagegen erlaubt er – gleich der folgende verteufelt wieder dieses, nur Buchweizen sei bekömmlich, weil der nämlich gar kein Getreide ist, wie wir ja alle wissen, sondern ein Knöterichgewächs. Und dann wird die »tödliche Käsestulle« apostrophiert . . .

Ich muß an meine Oma denken. Die aß ihr Leben lang jeden Abend vor dem Schlafengehen ein Stück Schokolade – und einen Apfel. Und wurde über 80, und hatte noch alle Zähne . . .

Als ich einmal abends überhaupt nicht einschlafen konnte, habe ich mir nachts um halb zwei Bratkartoffeln gebrutzelt und ein Bier dazu getrunken. Danach schlief ich traumhaft, allen Ernährungsempfehlungen zum Trotz.

Was ist zu tun in diesem Meinungswirrwarr? Bei der Idee, als morgendliches Frühstück nur Apfelessig mit Honig zu sich zu nehmen und daneben 7 Pfefferkörner zu kauen, wird auch nicht jeder in Ekstase geraten. Es handelt sich hier um das Yoga-Frühstück. Tatsächlich fühlt man sich danach unglaublich fit, hungerlos bis gegen Mittag. Ich habe es in Indien selbst ausprobiert. Aber Spaß macht es wirklich nicht, schon gar nicht auf Dauer.

Während ich diese Zeilen schreibe, ist es Winter; dicke Schneeflocken tanzen vor dem Fenster, im Kamin brennt ein wärmendes Feuerchen; ich esse ein Stück Weihnachtsstollen (selbstverständlich vollwertigen), trinke dazu grünen Tee (nur 35 Sekunden hat der ziehen dürfen, ganz nach Anleitung!); und abends werde ich mir einen russischen Borschtsch mit einem ordentlichen Klacks Schlagsahne genehmigen. Gekochtes Gemüse, nämlich rote Rüben am Abend, dagegen hat bestimmt auch wieder irgendjemand etwas einzuwenden.

Ich habe mir angewöhnt, in mich hineinzuhorchen: Worauf hat mein Körper Lust? Steht ihm heute nicht der Sinn nach einem kalten Frischkornbrei mit Obst, weil es draußen regnerisch ist, dann verwöhne ich ihn mit einem Dinkelbrei oder einem warmen Weizenfladen. Im Sommer kann ich tagelang nur von Obst leben, am liebsten mag ich es frisch vom Baum oder Strauch gepflückt. Im Winter kann ich mir dagegen einen Speisezettel nur aus Obst nicht vorstellen. In unseren Breitengraden wächst im Winter kein Obst; mit ein paar verschrumpelten Äpfeln mag ich mich nicht zufriedengeben und Importiertes hat auch wieder einen Haken. Erdbeeren zu Weihnachten, Tomaten im Winter schmecken erstens nach nichts und zweitens sind sie bestimmt gespritzt. Kiwis würden in ihrem Ursprungsland, nämlich Neuseeland, überhaupt nicht gegessen, lese ich verdutzt; außerdem sollen sie Allergien auslösen, ebenso wie Erdbeeren und Tomaten. Tatsächlich, fällt mir ein, in einem Hotel bin ich nach dem Genuß einer als Willkommensgruß angebotenen Kiwi doch um ein Haar schier in Ohnmacht gefallen. Mein Kreislauf hat gegen die Kiwi rebelliert. Aber die war eben sicher gespritzt, und so sind wieder alle Behauptungen über die allergieauslösende Wirkung von Erdbeeren und so weiter fragwürdig. Weiß ich denn, ob die natürlich gezogen sind? Die Antroposophen lehnen Tomaten grundsätzlich ab, ebenso das Nachschattengewächs Kartoffel, eine meiner Lieblingsspeisen. Hildegard von Bingen hat die Zwetschgen und den Lauch verdammt, aber die war auch magenkrank, wie es heißt. Pythagoras hat gegen die Bohnen gewettert! Was hatte er für Gebrechen?

Allmählich kommt mir der Verdacht, daß jeder Ernährungsapostel das ablehnt, was er ganz subjektiv nicht verträgt, und das hochlobt, was ihm, ganz persönlich, bekommt. Lassen wir uns also nicht verrückt machen!

Bei aller Begeisterung für die Vollwertkost bin ich natürlich offen für alle anderen neuen oder wieder neu entdeckten Ernährungstheorien und probiere sie aus. Daß alle Nahrungsmittel so naturbelassen wie möglich sein sollten – darin sind sich glücklicherweise alle einig. Also alles, was vom Strauch oder Baum herunter und in die Erde fällt und dort wieder neues Leben gibt, die Obstkerne und -steine, die Samen, Getreidekörner, Nüsse, Mandeln und so weiter, all das ist von höchster Lebendigkeit und hilft auch, mich lebendig zu erhalten. Je mehr ich daran herummanipuliere, verändere, erhitze, haltbarmache, desto weniger ist das Lebensmittel noch ein Lebensmittel und verkommt schließlich zum bloßen Nahrungsmittel. Das beste ist immer noch, sich auf die gute alte Kollath-Tabelle (Seite 132) zu verlassen – und auf das eigene Gespür.

FRÜHLING

ÜBER DIE FARBEN

Als ich diese Menüs nach den Jahreszeiten und ihren Farben zusammenstellte, wurde mir zum ersten Mal bewußt, daß die Natur in blauen Blüten förmlich schwelgt – diese Farbe dem Gemüse aber fast ganz versagt ist. Außer blauen Bohnen ist mir jedenfalls kein einziges blaues Gemüse bekannt. Die Farbe Rot wiederum zieht sich bei Gemüsen und Früchten durch das ganze Jahr, jedoch in ganz unterschiedlichen Nuancen. Vergleichen Sie nur das zarte Frühlingsrot der Erdbeere mit dem in der Paprikaschote und der Tomate eingefangenen Glutrot des heißen Sommers, mit dem warmen, gelbgrundigen Rotton der herbstlichen Hagebutte und Kapuzinerkresseblüte oder gar mit dem blaustichigen Winterrot von Holunderbeere und Roter Rübe. Der Farbe der Roten Rübe schreibt man Heilwirkung bei Krebsleiden zu. Sie spielt eine wesentliche Rolle in der Breuß-Kur, während der 41 Tage lang nur Gemüsesaft und Kräutertee getrunken wird.

Warum die Rote Rübe diese Wirkung hat? Niemand weiß es genau!

Es ist schon ein eigen Ding um die Farben, ihre Wirkung auf physisches wie psychisches Wohlbefinden ist für alle Lebewesen von großer Bedeutung. Farben können uns heiter und fröhlich stimmen und uns auch dementsprechend auf andere wirken lassen – sie können uns aber auch herunterziehen und bedrücken, und auch unsere Ausstrahlung in dieser Richtung verändern. Als Kind konnte ich nicht aufhören mich darüber zu wundern, daß aus dem Euter der Kuh weiße Milch floß, wo doch das Gras, das sie fraß, grün war. Genauso auch darüber, daß im Körper jedes Menschen, egal was er ißt, rotes Blut kreist – dieser ganz besondere Saft, über den schon Mephisto sich Gedanken machte und in den Hitchcock ganz vernarrt war, besonders wenn dieser Saft kriminell vergossen wurde; dieser Meister des Krimis soll sich übrigens dagegen vor dem Gelb der Eier geekelt haben.

Auch Tiere reagieren stark auf Farben. Eine Heilpädagogin erzählte mir, daß sie ein überängstliches Pferd nur in den Transportwagen hineinbekam, nachdem sie diesen innen mit blauem Stoff ausgeschlagen und überdies eine blaue Lampe hineingehängt hatte.

In meinem Seminarzentrum führen wir auch Farbenseminare durch. Ich liebe sie besonders. Es ist spannend zu erleben, wie ein Mensch zu strahlen beginnt, wenn er »seine« Farben entdeckt – da werden plötzlich Gesichtsfalten ausgebügelt, wird eine Nase, die vorher schief wirkt, gerade, nur weil man diesem Menschen ein Tuch in der für ihn richtigen Farbe umgehängt hat; es ist ein Wunder, das alle Zuschauer miterleben. Bei einem dieser Seminare brach eine ältere Frau in Tränen aus. Sie hatte sich ihr Leben lang in herbstliche Erdfarben gekleidet, in braun, beige und grau. Farben, die sie ausdruckslos und trist erscheinen ließen, weil sie eben kein Herbsttyp war, und mußte nun erleben, wie Sie in pastellenen Frühlingstönen an Ausstrahlung gewann, ja regelrecht aufblühte.

Wochen später rief sie mich an: mein ganzes Leben hat sich verändert, ich bin viel positiver geworden – und – ich habe mir einen rosa Mantel gekauft!

Geradezu berauscht gehen die Frauen heim nach einem Wochenende, in dem wir ein Programm aus Kochen und Backen, Zubereitung von Frischkosmetik und Farbenberatung zusammenstellen. Soviel Fröhlichkeit, soviel Gelächter jedesmal!

Ich versuche, jeder einzelnen Frau das Erlebnis zu vermitteln, das ich meiner ersten Farbenberaterin, einer Amerikanerin namens Lilian, in einem indischen Ashram verdanke. In diesem Ashram hatte ich mit Dutzenden international bunt gemischter Männer und Frauen 5 Stunden lang täglich die gigantischen Gemüseberge für 1500 hungrige Vegetarier zu putzen und zu schnippeln.

Ursula, Mit-Gemüseputzerin und nebenbei Physikerin, meinte eines Tages: tu dir mal was Gutes, geh mal in den Schönheitssalon! Da gibt es eine tolle Amerikanerin, die stellt dir auch die Farben zusammen, die für deinen Typ richtig sind! Gehört, getan. Schnurstracks meldete ich mich an.

Als ein Mensch, der sein Leben lang Komplexe gehabt und sich immer häßlich gefühlt hat – was mir zwar selten jemand glaubt, es stimmt aber trotzdem – traue ich mich in Etablissements wie Schönheitssalons nur nach Überwindung hinein. Die elfenhaften Wesen, die dort wirken, signalisieren mir schon durch ihr Aussehen, daß bei mir Hopfen und Malz verloren ist.
Ganz anders Lilian. Sie geriet geradezu in Euphorie, so toll fand sie mich, meine grauen Haare, die tiefgründigen Augen. »Was, der große Mund ist doch schön! Du mußt betonen, was du hast! Du brauchst klare, kühle Farben, starke Kontraste, aber keine scharfen Ecken oder geometrische Muster. – Huh, wie gräßlich!« Damit legte sie eines der etwa hundert Farbmuster beiseite, die sie nacheinander gegen mein Gesicht hielt, rote, blaue, grüne – die ganze Farbskala.
Ich bin also ein Wintertyp. Mir stehen die Farben am besten, die der Winter trägt – das Eisblau des Himmels, das Grau der Baumstämme, das Grün der Tannen, das Schwarzbraun des umgepflügten Ackers mit Sprenkeln von Schnee, das Purpurrot und Lila der Sonnenuntergänge gerade dieser Jahreszeit. Erstaunlicherweise harmonieren »meine« Winterfarben auch alle miteinander, ob rot oder grün oder violett, ich kann sie miteinander kombinieren. In einem Farbenpaß sind sie zusammengestellt. Ihn in der Tasche, ziehe ich los, wenn ich mir unbedingt etwas zum Anziehen kaufen muß, und lasse mir von keiner Verkäuferin mehr etwas andrehen, nur weil es gerade »in« ist. Ich weise meinen Farbenpaß vor, sage: »nur diese Farben kommen in Frage« – und verlasse das Geschäft wieder, wenn ich nichts kriege. Einfach – und auf die Dauer auch billiger. Ich kaufe nichts Falsches mehr.
Übrigens werden wir in meinem Seminarzentrum einen Tauschladen einrichten, in dem Sie Ihre »falschen« gegen die »richtigen« Farben eintauschen können.

Eine meiner Schwiegermütter, eine in meiner Erinnerung eigentlich schon immer uralte Gräfin, entzückte jedermann durch ihre trockenen Kommentare. Eines Morgens schaute sie aus dem Fenster und bemerkte: »Ist ja alles grau in grau! Da seh ich aber schwarz!«

Frühling läßt sein blaues Band
wieder flattern durch die Lüfte
Süße unbekannte Düfte ziehen
ahnungsvoll durchs Land
Eduard Mörike

Menü

FRÜHLINGSSALAT
GEMÜSESCHNITZEL MIT SAUCE ORIENTALE
RUSSISCHE PASKHA

Frühlingssalat

1 KLEINER KOPF FRISÉESALAT • VIELE FRISCHE TRIEBE, BLÄTTCHEN UND BLÜTEN VON DER WIESE UND AUS DEM GARTEN: LÖWENZAHN, SCHAFGARBE, BRENNESSELN, BUNTNESSELN, VOGELMIERE, SPITZWEGERICH, GÄNSEBLÜMCHEN USW.

SALATSAUCE

ZITRONENSAFT • 4 EL NUSSÖL • SALZ • PFEFFER • 1 HAUCH KNOBLAUCH

Salatblätter, Blättchen, Blüten usw. auf einem großen Teller anrichten. Die leichte Salatsauce erst am Tisch darüberträufeln.

Gemüseschnitzel mit Sauce Orientale

2 TASSEN MILCH • 3 EIER • 1 TL KRÄUTERSALZ • 1 MESSERSPITZE MUSKAT • SOJASAUCE • DELIKATA • 1–2 TASSEN MEHL • 200–300 G GEMÜSE NACH JAHRESZEIT, ZUM BEISPIEL: MÖHREN, ZWIEBELN, MAIS, LAUCH, SPINAT, PAPRIKA, KOHL, GRÜNE BOHNEN, BLUMENKOHL, BROKKOLI • 1 EL BUTTER ODER PFLANZENÖL

SAUCE ORIENTALE

1 KLEINE ZWIEBEL • ½ BUND PETERSILIE • 1 KNOBLAUCHZEHE • 1 TL KRÄUTERSALZ • 2 TL ZITRONENSAFT • 1 TL SÜSSER SENF • 1 TL GEKÖRNTE GEMÜSEBRÜHE • 1 PRISE MUSKAT • CURRY NACH GESCHMACK • 1 TL TOMATENMARK • 1 TL DELIKATA • ½ TL SOJASAUCE • 200 G SAHNE

Milch mit Eiern und Gewürzen gut vermischen. Das Mehl unter die Eiermilch rühren und den Teig etwa 30 Minuten ruhen lassen. Das Gemüse waschen und putzen, dann in Würfel, Streifen oder Scheiben zerkleinern und in einer Pfanne in etwas Butter oder Öl mit Kräutersalz bißfest dünsten, dann locker unter den Teig ziehen und im heißen Fett handtellergroße Schnitzel braten.
Für die Sauce Zwiebel und Petersilie kleinschneiden, den Saft der Knoblauchzehe dazupressen und mit den übrigen Zutaten im Mixer cremig rühren.

Russische Paskha

500 G QUARK • 3 EIER • 100 G BUTTER • 200 G SAURE SAHNE • 1 PRISE SALZ • 200 G HONIG • VANILLE • 125 G MANDELN

Den Quark schaumig rühren. Die Eier, die Butter und die saure Sahne zugeben, auf dem Herd unter Rühren erwärmen, aber nicht kochen lassen. Sobald sich Blasen bilden, vom Herd nehmen. Unter Rühren abkühlen lassen. Salz, Honig, Vanille und die abgezogenen, gehackten Mandeln darunterrühren. In eine Glasschale füllen. Verfährt man ganz orthodox, füllt man die Paskha über Nacht in ein Holzkästchen mit durchlässigem Boden, so daß die Feuchtigkeit abtropfen und man die Paskha stürzen kann. Muß man aber nicht!

Menü

Zucchinispaghetti mit Tomaten-Crostini auf
Frühlingskräutersauce
Sauerampfersuppe
Hirsenockerl mit Gemüseküchlein auf Joghurtsauce
Holunderblütengrütze mit Walderdbeeren

von Christl und Gabi Kurz aus Bischofswiesen

Zucchinispaghetti mit Tomatencrostini auf Frühlingskräutersauce

500 g Zucchini • 2 EL Butter • Kräutersalz

Tomatencrostini

2 reife Fleischtomaten • Basilikumblätter • evtl. 1 Knoblauchzehe • Kräutersalz • Pfeffer • etwas Olivenöl • 4 dünne Scheiben Weizenvollkornbrot

Sauce

2 EL feingehackte Schalotten • 1 Messerspitze Blütenhonig • 1/8 l kräftiger Gemüsefond • Saft von 1 Zitrone • 2 knappe TL Pfeilwurzmehl • 1 Handvoll gezupfte und gewaschene Frühlingskräuter • 2 EL Kerbelblätter • 1 EL Sauerampfer • 1 EL Brennesselspitzen • 1 EL Estragon • 1 EL Petersilie • abgeriebene Schale 1 unbehandelten Zitrone • 250 g Joghurt • Salz • Pfeffer

Zucchini waschen und putzen und mit der Mandoline der Länge nach in Spaghetti-Streifen schneiden. In einer Pfanne Butter schmelzen und die Zucchinistreifen portionsweise darin schwenken, mit Kräutersalz abschmecken. Tomaten häuten und entkernen, hacken und in einem Sieb 1 Stunde abtropfen lassen (Saft für Suppe, Sauce oder Salatsauce verwenden). Basilikumblätter klein zupfen, (evtl. Knoblauchzehe mit Salz zerdrücken), zu den Tomatenwürfeln geben, mit Salz und Pfeffer mischen. Etwas Olivenöl dazugeben und die Mischung auf die gerösteten Brotscheiben verteilen – kurz unter den Grill schieben und heiß servieren.
Für die Sauce Schalotten in Sonnenblumenöl und Blütenhonig glasig dünsten, mit Gemüsefond und Zitronensaft ablöschen und auf die Hälfte reduzieren. Im Mixer mit Pfeilwurzmehl, Kräutern und Zitronenschale glattmixen. Nun nochmal das Ganze abmessen: es muß genau 1/4 l sein. Unter Rühren aufkochen, den Joghurt dazugeben – nicht mehr aufkochen – nur noch erwärmen – mit Salz und Pfeffer abschmecken.

Sauerampfersuppe

1 Stange Lauch • 1 Möhre • 1/4 Knollensellerie • 2 Kartoffeln • 1 Lorbeerblatt • 0,3 l Gemüsefond oder Wasser • 1 Bund Sauerampfer • 1 EL Butter • Kräutersalz • 125 g Sahne

Geputztes, kleingeschnittenes Gemüse und Lorbeerblatt ca. 20 Minuten in der Gemüsebrühe köcheln lassen. Sauerampfer in Streifen schneiden und in geschmolzener Butter kurz dünsten. Die Hälfte des Sauerampfers mit der Suppe mixen und durch ein feines Sieb streichen. Mit Kräutersalz abschmecken, geschlagene Sahne unterziehen, mit Sauerampferstreifen servieren.

Hirsenockerl mit Gemüseküchlein auf Joghurtsauce

je 1 TL feingewürfelte Möhren, Lauch, Sellerie oder Petersilienwurzel • 1 Lorbeerblatt • 2 EL Sonnenblumenöl • 1 Tasse Goldhirse • 1 Tasse Weisswein • 1 Tasse Gemüsefond oder Wasser • Kräutersalz • eine Messerspitze kalte Butter • 2 EL saure Sahne • ½ Tasse abgezogene, gewürfelte Tomaten

Gemüseküchlein

175 g Spinat • 100 g gewürfelte Möhren • 50 g kleingeschnittener Lauch • 1 kleiner Kopfsalat • ¼ Knoblauchzehe • ½ Bund Petersilie • 1 Bund Kerbel • 3 Eier • ¼ Tasse Crème fraîche • je 1 Prise Muskat, Kräutersalz, weisser Pfeffer • ein wenig Sonnenblumenöl • Butter zum Auspinseln der Tassen

Sauce

1 Zwiebel • 2 EL Sonnenblumenöl • ⅛ l Milch • ⅛ l Trinkjoghurt • 1 EL feingeschnittener Dill • Kräutersalz • weisser Pfeffer aus der Mühle

Die Gemüsewürfel mit dem Lorbeerblatt in Sonnenblumenöl kurz andünsten, dann die Hirse zu den angedünsteten Gemüsewürfeln in den Topf geben und mit Wein und Gemüsefond bzw. Wasser aufgießen. Kurz aufkochen und dann bei ganz schwacher Hitze und geschlossenem Topfdeckel 20 Minuten ausquellen lassen. Lorbeerblatt entfernen, Hirsebrei mit Kräutersalz abschmecken, die Butter darin zerlaufen lassen und kurz vor dem Servieren mit saurer Sahne binden. Jetzt erst die Tomatenwürfelchen unterheben. Mit 2 Eßlöffeln möglichst kleine Nockerl abstechen.
Für die Küchlein Spinat blanchieren, 4 schöne große Blätter zum Auskleiden der Tassen zurückbehalten, die übrigen Spinatblätter in einem Tuch ausdrücken. Möhren und Lauch über Dampf relativ weich garen, um sie pürieren zu können. Den Kopfsalat nur 1 Minute über Dampf zusammenfallen lassen, abschrecken und im Tuch ausdrücken. Knoblauch in wenig Öl hellgelb dünsten. Im Mixer Gemüse, Salat und Kräuter mit den Eiern und den Gewürzen glattmixen, dann die Crème fraîche unterziehen. Die Tassen mit Butter auspinseln, mit Spinatblättern auslegen und die Gemüsefarce ca. 3,5 cm hoch einfüllen. Die Spinatblätter über der Farce zusammenfalten und die Tassen in ein Wasserbad stellen und im Ofen bei 160° etwa 30 Minuten indirekt pochieren. Die Tassen in dem Wasserbad mit Alufolie abdecken.
Für die Sauce die Zwiebel kleinschneiden und im Öl dünsten, mit Milch aufgießen und einmal aufkochen lassen. Im Mixer zusammen mit Joghurt, Dill, Kräutersalz und Pfeffer glattschlagen und erst kurz vor dem Servieren im Topf bis kurz unter den Siedepunkt erhitzen.
Wer möchte, kann zu den Hirsenockerln mit Gemüseküchlein auf Joghurtsauce auch noch bißfest gegarte Spargelspitzen servieren.

Holunderblütengrütze mit Walderdbeeren

10 Holunderblüten • 1 Zitrone • 2 l Wasser • 500 g Honig • 1 Vanilleschote • 150 g Tapioka • 300 g Walderdbeeren

Holunderblüten und Zitronenscheiben in Wasser legen und 24 Stunden an einem kühlen Ort ziehen lassen. Diesen Kaltauszug mit dem Honig und der aufgeschnittenen Vanilleschote (ohne Deckel bei leicht bewegter Oberfläche) auf 1 l reduzieren, darin 150 g Tapioka bei geringer Wärmezufuhr quellen lassen. Die Walderdbeeren in die abgekühlte Grütze geben.

Menü

SPARGELSALAT
BRIE IM KRÄUTERMANTEL
TIRAMI SU

von Helga Kandler,
die ich Ihnen später vorstelle.

Spargelsalat

500 G SPARGEL • 1 TASSE CHAMPIGNONSCHEIBCHEN • ZITRONENSAFT • 2 EL ÖL • 1 EL OBSTESSIG • 1 TL SENF • KRÄUTERSALZ • PFEFFER • EVTL. 2 HARTGEKOCHTE EIER • PETERSILIE

Geschälten Spargel in Salzwasser 15–20 Minuten kochen. In 2–3 cm lange Stücke schneiden und mit den geputzten, in Scheiben geschnittenen Champignons mischen. Mit Zitronensaft beträufeln. Öl, Essig, Senf, Salz und Pfeffer dazugeben. Eventuell Eier in Scheiben schneiden und daruntermischen. Mit Petersilie bestreuen.

Brie im Kräutermantel

120 G FEINGEMAHLENER WEIZEN • 120 G FEINGEMAHLENER DINKEL • 3 EIGELB • 1/4 L MILCH • 1/2 TL SALZ • MUSKAT • 2–3 GEHÄUFTE EL GEHACKTE KRÄUTER (PETERSILIE, SCHNITTLAUCH, PIMPERNELL, KERBEL, BRENNESSELN ETC.) • 3 STEIFGESCHLAGENE EIWEISS • EINIGE SCHEIBEN BRIE

Alle Zutaten, bis auf den Brie zu einem sehr dünnflüssigen Crêpeteig verrühren, zum Schluß den Eischnee unterziehen und ca. 30 Minuten quellen lassen. In eine heiße Edelstahlpfanne je eine Kelle Teig einlaufen lassen. Die Crêpe auf beiden Seiten backen, einige Scheiben Brie darauf legen und zusammenklappen. 5 Minuten im Backofen warmstellen und mit grünem Salat servieren.

Tirami su

Tirami su heißt wörtlich übersetzt »zieh mich hoch!«, also etwa »bring mich auf die Beine«. Bei diesen Zutaten dürfte das wohl kein Problem sein. Der selbstgebackene Biskuitteig schmeckt natürlich besonders gut. Sie können aber auch fertige Vollkornbiskotten kaufen.

VOLLKORNBISKUIT

3 EIGELB • 1 EL WARMES WASSER • 1 PRISE MEERSALZ • ETWAS VANILLE • 2 EL HONIG • 3 EIWEISS • 1 TL WEINSTEINBACKPULVER • 120 G FEINGEMAHLENER DINKEL • 1 TASSE STARKER KAFFEE (EVTL. GETREIDEKAFFEE UND RUM NACH GESCHMACK)

CREME

3 EIGELB • 2 EL HONIG (ODER MEHR, JE NACH GESCHMACK) • 500 G MASCARPONE ODER FRISCHKÄSE • 150 G CRÈME FRAÎCHE • VANILLE NACH GESCHMACK • KAKAO ODER CAROB ZUM BESTREUEN

Eigelb, Wasser, Salz, Vanille, Honig schaumig rühren. Steifgeschlagenes Eiweiß und den mit dem Backpulver gut vermischten Dinkel unterheben. Die Masse auf ein gut gefettetes Blech streichen und bei 180° etwa 15–20 Minuten backen. Ausgekühlten Biskuit in schmale Schnitten schneiden, eine Schicht in eine Schüssel oder Form füllen. Mit der Hälfte des Kaffees, nach Wunsch auch mit Rum, beträufeln. Für die Creme die Eigelbe mit dem Honig schaumig rühren. Mascarpone oder Frischkäse und die Crème fraîche unterrühren und mit Vanille abschmecken. Creme auf die kaffeegetränkten Biskuitschnitten streichen, wieder Biskuit darauf legen, mit Kaffee tränken und den Rest der Creme darauf streichen. Mit Bio-Kakao oder Carob bestreuen. Über Nacht in den Kühlschrank stellen. In Portionen servieren.

AN BORD KOCHT WERNER ULTSCH

Das Salzburger Landesreisebüro führt seit einigen Jahren regelmäßig Gesundheitskreuzfahrten durch, auf denen die Passagiere neben den herkömmlichen Speisen auch die österreichische Naturküche und die vegetarische Vollwertkost genießen können.
Was Vollwertkost ist, setze ich als bekannt voraus. Alles sollte so natürlich wie möglich sein, Mehl ist immer Vollkornmehl und gesüßt wird nicht mit Zucker, sondern mit frischen oder getrockneten süßen Früchten und Honig. Die österreichische Naturküche ergänzt – für die Vorsichtigen – dieses Angebot durch Fisch und Fleisch von möglichst artgerecht gehaltenen Tieren. Sowohl der österreichischen Naturküche wie der Vollwertkost steht während der Kreuzfahrten Werner Ultsch vor, Sohn des Inhabers vom Hotel »Schwarzer Adler« in Innsbruck, zur Zeit Geschäftsführer des Hotels »Quellenhof« in den Tiroler Bergen (Adresse Seite 138).
Wir sind inzwischen ein festes, bewährtes Team. Mit von der Partie ist auch jedesmal der in Österreich sehr berühmte Professor Baldur Preiml. Er war es, der den »Fleisch-ist-ein-Stück-Lebenskraft-Mythos« der Sportler – zumindest für die österreichischen Skispringer, deren Trainer er war – beendete. Er verordnete ihnen Körndl statt Fleisch – und sie sprangen plötzlich weiter mit der Körndl-Kost!
Baldur, ein wahrer Schatz von einem Menschen, und seine drei Sportlehrer, genannt die Preiml-Buben, bestreiten während der Reise das Fitneß-Programm. Als wir das erste Mal morgens um 6 Uhr irgendwo vor der afrikanischen Küste über Deck tobten, soll der Käptn sehr unwirsch reagiert haben, lag doch sein Schlafgemach genau unter unseren trappelnden Füßen. Und abends waren alle so erledigt, daß die Bar leer war und keinen Umsatz machte ...
Auslaufen des riesigen weißen Luxusdampfers in Venedig, bei Vollmond Einfahrt in den Hafen von Istanbul – ein Traum aus tausendundeiner Nacht wird Wirklichkeit. (Ob Mensch das heutzutage überhaupt noch darf, aus lauter Spaß an der Freud herumfahren, steht auf einem anderen Blatt). Anfangs mußte ich mich daran gewöhnen, daß ich auf Schritt und Tritt beobachtet wurde. Am Frühstücksbüfett starrte jeder auf meinen Teller: Was tut sie sich drauf? Kann man sie vielleicht bei einer »Sünde« ertappen? (Kann man nicht, weil ich nämlich genauso lebe, wie ich rede und schreibe, mir zum Beispiel gerne mal ein Gläschen Wein oder Bier genehmige oder einen kleinen Braunen!).
»Die Leute streuen sich ja kiloweise Zimt aufs Müsli, haben Sie das angeordnet?« fragte ein empörter Wiener. Selbst vor den Pyramiden gab es keine Schonung: »Wie war das denn nun mit dem Frischkornbrei«, wurde ich gefragt, »muß ich beim Einweichen das Wasser über das gemahlene Getreide gießen, oder muß ich das Getreide ins Wasser rühren?« Da platzte mir allerdings der Kragen, weil ich kaum der Pyramiden ansichtig wurde. Von nun an hielten wir regelmäßige Fragestunden ab, zu denen alle Experten – die Sportlehrer, Küchenchef Ultsch, die Ärzte und ich als Gesundheitsberaterin – zur Verfügung standen.
Küchenmannschaft wie Stewart standen unserer Vollwertkost anfangs mehr als skeptisch gegenüber. So eine Schiffsküche ist für Tiefkühlkost und Fleisch eingerichtet, nicht für so viel Grünzeug, wie wir Vegetarier vertilgen. In Athen wurden Zentner winziger roter Rüben für uns gebunkert, noch dazu holzige. Da meuterte die Küchenmannschaft, sie zu putzen. Und als sich ein Passagier über die sauer gewordene Kaffeesahne beschwerte, gab der Stewart schnippisch zur Antwort: »Das gehört sich so, das ist vollwertig!«
Im allgemeinen wächst jedoch während der Reise das Erstaunen darüber, wie gut die Vollwertkost schmecken kann, sowohl bei Mannschaft wie Passagieren. Je mehr es dem Ende zugeht, um so mehr wird übrigens geges-

sen. Manche stellen sich den Wecker, um bloß nicht das Mitternachtsbüfett zu versäumen! Besonders der Nachmittagskuchen entwickelte sich zum Renner. Einmal hörte ich den Swimmingpool-Stewart ins Bordtelefon zur Küche rufen: »Bringt bloß mehr Vollwertkuchen, sonst werd' ich gelyncht!«

Und was soll ich Ihnen sagen, beim abschließenden Galabüfett errang die Vollwertkost, unter der Leitung von Werner Ultsch den ersten Preis.
Sie finden in meinem Buch je ein Fühlings-, Sommer-, Herbst- und Wintermenü von Werner Ultsch. Hier gleich die erste Kostprobe:

Menü

Marinierte Artischocken, dazu Briochegebäck
Radieschenblättersuppe
Gemüse-Crêpe-Lasagne
Rhabarbermousse

Marinierte Artischocken

8 junge italienische Artischocken • 1 Zitrone • ⅛ l Rotwein- oder Kräuterdressing • 1 mittelgrosse Möhre • 1 Stange Bleichsellerie • 8 schwarze Oliven • 1 EL Zitronensaft • 2 EL Olivenöl • 1 Prise Salz • weisser Pfeffer • 1 EL feingehackte Blattpetersilie

Den jungen (rohen) Artischocken ca. 4–5 cm Stiel lassen, diese jeweils bis zum Artischockenboden schälen. Dunkle, zähe Blätter bis zu den hellgrünen, zarten entfernen. Artischocken der Länge nach in Scheiben schneiden und sofort mit Zitronensaft beträufeln. Nur bei jungen Artischocken braucht man auf das Heu nicht zu achten! Mit dem Rotwein- oder Kräuterdressing marinieren. In 3 cm lange und ½ cm dicke Stäbchen geschnittene Möhren und Sellerie, in Spalten geschnittene Oliven mit Zitronensaft, Olivenöl, Salz und Pfeffer marinieren und neben die Artischocken drapieren. Dazu Brioche reichen.

Walnuß-, Oliven- und Zwiebelbrioche

Für pikante Vorspeisen oder als Baguette gebacken, als Grundlage für Canapés. Kringel und Stangen werden nach 3 bis 4 Tagen zu einem knusprigen Knabbergebäck.

Grundteig
500 g feingemahlener Weizen • 80 g weiche Butter • 0,3 l lauwarme Milch • 20 g Hefe • 1 EL Salz • 1 TL Honig • 3 Eigelb

Walnussbrioche
80 g gehackte Walnusskerne

Olivenbrioche
50 g entsteinte, gehackte Oliven

Zwiebelbrioche
100 g feingehackte Schalotten in 6 EL Olivenöl gedünstet

Zum Bestreichen und Bestreuen
0,2 l Milch • 1 Eigelb • Walnusskernhälften oder Olivenspalten oder Gewürze

Mehl in eine Schüssel geben, mit der Butter vermengen, in die Mitte eine Mulde drücken. Mit etwas warmer Milch, der zerbröckelten Hefe, Salz, Honig einen dickflüssigen Brei anrühren. Vorteig zugedeckt gehen lassen. Eigelbe und je nach Wunsch Nüsse, Oliven oder Schalotten dazugeben, zu einem recht weichen Teig verrühren und gründlich durcharbeiten. Backofen auf 220° vorheizen. Teig zugedeckt 20 Minuten gehen lassen. Zu Brötchen formen und auf ein gefettetes Blech setzen. Nochmals zugedeckt kurz gehen lassen. Mit Eiermilch bestreichen, mit halben Nußkernen, Olivenspalten bzw. Gewürzen bestreuen. Etwa 15 Minuten backen (je nach Größe der Brioche).

Radieschenblättersuppe

50 g gehackte Schalotten • 30 g Butter • ¾ l Gemüsefond • 250 g ungespritzte Radieschenblätter • 1 Eigelb • 2 EL Sahne • Salz • gehacktes Bohnenkraut • Muskat

Zum Garnieren
dünne Radieschenscheiben, Radieschenblätter

Schalotten in Butter dünsten. Mit dem Gemüsefond aufgießen. Gewaschene Radieschenblätter zugeben und die Suppe aufkochen. Suppe fein pürieren und mit Eigelb und Sahne legieren. Die Suppe darf nicht mehr kochen. Mit Salz, Bohnenkraut und Muskat abschmecken. Mit Radieschenscheiben und -blättern garnieren.

Gemüse-Crêpe-Lasagne

100 g feingemahlener Dinkel • 40 g feingemahlener Weizen • 2 Eier • 0,35 l Milch • ½ TL Salz • ca. 20 g geschmolzene Butter

Füllung
1 Zwiebel • 1 EL Öl • 1 Stange Lauch • 1 Stück Knollensellerie • 3 Möhren • 1 Fenchelknolle (nach Belieben) • etwas Gemüsebrühe oder Wasser • etwas Dinkelmehl • 1 EL Crème fraîche • gehackte Kräuter (Basilikum, Petersilie, Kerbel) • Salz • Pfeffer • 50 g frisch geriebener Parmesan

Aus Mehl, Eiern, Milch, Salz und Butter einen Teig rühren, in einer leicht gefetteten Pfanne dünne Crêpes backen und diese nachher zu kleinen, runden Crêpes mit ca. 6 cm Durchmesser ausstechen.
Gehackte Zwiebel in Öl dünsten, in kleine Würfel geschnittenes Gemüse hinzufügen und mit in etwas Gemüsebrühe oder Wasser knackig dünsten. Gemüse mit etwas Dinkelmehl abbinden, mit Crème fraîche verfeinern, mit Kräutern, Salz und Pfeffer würzen. Parmesan untermischen, Gemüsemischung zwischen die Crêpeblätter füllen. Pro Person rechnet man 4 Crêpeblätter.
Crêpe-Lasagne mit etwas Käse bestreuen und im Backofen bei 180° ca. 15–20 Minuten überbacken. Auf einer Tomatensauce servieren. Je nach Angebot noch etwas gedämpftes Gemüse dazureichen, z. B. Fenche, Spargel, Bleichsellerie usw.

Rhabarbermousse

300 g Rhabarber • ¼ l Weisswein • 130 g Apfeldicksaft • 1 Stück Vanilleschote • ⅛ l Weisswein • ca. 3 g Agar-Agar-Flocken • 2 Eiweiss

Rhabarber in Stücke schneiden, mit Wein, Dicksaft und Vanilleschote weichdünsten. Vanilleschote entfernen. Rhabarber im Mixer pürieren. Weißwein mit 80 g Agar-Agar zum Kochen bringen, 2–3 mal aufkochen lassen, bis sich die Flocken aufgelöst haben, Eiweiß steif schlagen, den restlichen Apfeldicksaft darunterziehen. Schlagsahne steif schlagen.
Rhabarberpüree mit Agar-Agar vermischen, im kalten Wasserbad ein wenig abkühlen. Schlagsahne darunterziehen, zuletzt das Eiweiß darunterheben. In eine Schüssel füllen und kalt stellen. Wer möchte kann Nocken mit einem Löffel ausstechen und mit Erdbeeren bzw. Erdbeermark servieren.

Meine Freundin Dora hat mehrere Jahre in Italien gelebt und in Calabrien ein Gericht kennengelernt, das dort zu Weihnachten gegessen wird und als Glücksbringer gilt. Aus Pizzateig werden kleine Kugeln geformt, in die man mit dem Finger ein Loch bohrt. In das Loch füllt man:

Würfelchen von Mozzarella,
Kapern oder gehackte Oliven oder beides,
etwas dicke Tomatensauce.

Die Kugeln verschließen und in Öl ausbacken.

Das Originalrezept schreibt Sardellen vor – mit Kapern schmecken die Bällchen aber auch sehr delikat. Sehr gut geeignet für ein Büfett oder – auf Zahnstocher gespießt – als Willkommensgruß bei einer Party.

EIN VEGETARISCHER TAG PRO WOCHE

»Gibt es eine Überlebenschance für unsere Kinder im 21. Jahrhundert? Mehr Gesundheit durch einen V-Tag, einen vegetarischen Tag pro Woche!« So lautet der Titel eines Vortrags, den der Autor des Buches »Fit fürs Leben«, Harvey Diamond, auf einem Gesundheitskongreß der American Natural Hygiene in Miami Beach gehalten hat. Der gesamte Vortrag, in dem auch die Zusammenhänge zwischen Ernährung, Massentierhaltung, Treibhauseffekt, Abholzen der Regenwälder etc. behandelt werden, ist im »Lebenskunde-Magazin für GesundheitsPraktiker« (Waldthausen Verlag, Heft 5/90) abgedruckt. Ich darf Ihnen einen Auszug des Vortrages wiedergeben:

»Im Laufe unseres Lebens stopfen wir etwa 70 Tonnen Nahrung in unseren Magen. Jedoch nur ein geringer Teil bleibt im Körper. Dieser entzieht der Nahrung, was er braucht und scheidet den Rest wieder aus.

Die meisten Menschen möchten sich besser fühlen, möchten besser aussehen, mehr Energie haben. Wenn wir aber alle Todesfälle, von allen möglichen Ursachen herrührend, addieren, so kommt die Zahl dennoch nicht der Zahl gleich, die auf Arterienverkalkung zurückzuführen ist. Unser Blut durchfließt jeden Winkel unseres Körpers, wobei es Sauerstoff in jede Ecke transportiert. Ohne Sauerstoff sterben wir. Ohne Luft ersticken wir. Wenn sich die Arterien verschließen, kann das Blut keinen Sauerstoff mehr transportieren. Wenn der Herzmuskel kein Blut bekommt, dann kommt es zu einem Herzanfall. Wenn das Gehirn keinen Sauerstoff erhält, d. h. wenn kein Blut zugeführt wird, dann sterben wir an einem Schlaganfall.

- Mehr als 2 Millionen Menschen sterben jährlich als Folge einer Arterienverkalkung in der westlichen Welt.

Die Ursache ist kein Geheimnis. Cholesterin und gesättigte Fettsäuren sind die Urheber. Cholesterin ist ein wichtiger Bestandteil unseres Körpers, ohne den wir nicht leben können. Der Körper produziert zwischen 100 und 200 mg Cholesterin täglich. Wir könnten z. B. nicht mit den Augen zwinkern ohne Cholesterin, wir könnten nicht schlucken – keine unserer organischen Funktionen wäre möglich. Wir benötigen dringend Cholesterin – aber nur das Cholesterin, das unser Körper selbst herstellt. Wir brauchen uns überhaupt kein Cholesterin von außen zuzuführen. Aber wir bekommen Cholesterin in Form von gesättigten Fetten in großen Mengen durch den Verzehr von Tierprodukten. Je weniger Tierprodukte wir essen, desto geringer ist die Wahrscheinlichkeit, daß wir der Todesursache Nr. 1, der Arterienverkalkung, zum Opfer fallen.

Wir essen viel zuviele Tierprodukte. Wenn Menschen mit der Tatsache konfrontiert werden, den Verzehr von Tierprodukten einzuschränken, dann kommt meistens nur eine erzürnte Frage: »Woher bekomme ich denn mein Eiweiß?«

Die Angst der meisten Menschen, nicht genug Eiweiß zu bekommen, ist vergleichbar mit der Angst vor dem Schafott.

Fast jeder glaubt, daß das beste Eiweiß ein großes Stück Kuh ist. Sie hat vollständiges Eiweiß, obwohl sie kein Eiweiß frißt. Woher bekommt sie ihr Eiweiß? Aus der Pflanzenwelt. Die Kuh frißt kein Fleisch und ist dennoch voller Eiweiß. Nehmen wir zum Vergleich das stärkste Tier, das uns gerade in den Sinn kommt, den Elefanten: Er frißt kein Eiweiß! Das Rhinozeros, der Wasserbüffel, der Esel, das Kamel – sie alle fressen kein Eiweiß und haben dennoch unheimlich starke Muskeln. Oder denken Sie an den Silberrücken-Gorilla. Er ist dreimal so groß wie ein Mann, aber 30mal so stark. Er frißt nichts als Früchte und Bambusblätter. All diese Tiere gewinnen ihre große Kraft aus der Pflanzenwelt – und genau das können wir auch.

Eine Banane hat mehr Eiweiß als ein Steak. Das Eiweiß

der Banane muß nicht erst aufgespalten werden. Es kann vom Körper sofort aufgenommen werden. Es besteht also für uns Menschen überhaupt keine Notwendigkeit, tierische Produkte zu essen. Alle genannten starken Tiere, wie Gorilla, Rhinozeros, Elefant, Kamel usw. sterben nicht an Herzkrankheiten.
Wenn Sie sich mit Aminosäuren aus Früchten ernähren, können Sie hundertprozentig sicher sein, daß Sie das notwendige Eiweiß erhalten. Mein 11jähriger Junge hat in seinem Leben noch nie Fleisch oder Milch zu sich genommen.
Wir Menschen sollten die Nahrung zu uns nehmen, der wir biologisch angepaßt sind. Vom biologischen Standpunkt aus gesehen, hat die Schöpfung überhaupt nicht vorgesehen, daß wir Tiere essen. Durch reduzierten Verzehr von Tierprodukten werden wir weniger krank und verbessern somit unsere Gesundheit. Wir haben unseren Planeten Erde, der uns alles liefern kann, was zur Lebenserhaltung notwendig ist.
Wissen Sie, wieviele Tiere in den USA täglich geschlachtet und verzehrt werden?

- 16 Millionen Tiere täglich
- 6 Milliarden Tiere jährlich

Dazu kommen jährlich nochmals 10–20 Milliarden Tiere, die in Europa, Asien, Afrika, Australien und Südamerika jährlich geschlachtet werden. Vielleicht ist die Zahl noch höher. Ich weiß es nicht genau.
Es kann jedoch etwas dagegen unternommen werden. Es ist schon in Gang. Die Menschheit hat eingesehen, daß etwas unternommen werden muß. Es ist die Zehnprozentlösung!

- Reduzierung des Konsums von Tierprodukten um 10%:
  Das bedeutet, an 1 Tag pro Woche keine Tierprodukte essen!

Wenn wir also den Verzehr von Tierprodukten um 10% reduzieren, dann werden 12 Millionen Liter Wasser pro Minute weniger verbraucht. Es würde verhindern, daß weiterhin Millionen und Abermillionen Tonnen von Tierexkrementen ins Wasser gelangen.
Guter Mutterboden ist die Basis für das Wachstum gesunder Pflanzen und Bäume. Guter Mutterboden ist eine Garantie dafür, daß wir nicht verhungern. Durch die Ackerbaumethoden für die Futtermittelproduktion wird die Muttererde jedoch verseucht. Anfang dieses Jahrhunderts war der Mutterboden etwa 40 cm dick, jetzt sind nur noch etwa 15 cm übrig. Alle zwei Jahre verschwindet ein weiterer Zentimeter, während es 150 Jahre dauert, bis sich 1 cm Mutterboden neu bildet.
85% des Mutterbodens, der verloren geht, kann als direkte Folge der Viehzucht und Massentierhaltung angesehen werden. Wenn unser Fleischverbrauch um 1 Tag pro Woche, d. h. um 10% reduziert wird, sparen wir 700 Millionen Tonnen Muttererde ein.
Die richtige Nutzung des Landes bei einer Reduzierung von 10% würde allein in den USA 60 Milliarden Liter Benzin einsparen, das sind über 160 Millionen Liter pro Tag!
Diese Zahlen können Sie gut und gern mit 3 oder 5 multiplizieren, wenn sich die Zehnprozentlösung weltweit durchsetzen würde.
Wir haben hier in USA 25 Millionen Morgen Bäume, die Kohlendioxyd verbrauchen und Sauerstoff abgeben. Eine 10prozentige Reduktion des Verzehrs von Fleischprodukten würde 25 Millionen Morgen Bäume retten.
Es werden nicht nur 16 Millionen Tiere pro Tag geschlachtet, sondern an jedem Tag werden in Zentralamerika 260 Morgen Regenwald abgeholzt für Weidezwecke. Wissen Sie, wohin dieses Fleisch geht? 90% davon in die USA – 70 Millionen kg pro Jahr. Wir sind einfach unersättlich.
¼ Pfund Hamburger vom Regenwald-Schlachtvieh kostet etwa 60 qm Regenwald und läßt 250 kg CO_2 in die Luft. Glauben Sie nicht, daß man dies ändern könnte? Einen Hamburger pro Woche weniger für ein ganzes Jahr würde etwa 27 500 qm, also 11 Morgen Bäume retten. Wenn wir den Verzehr von Tierprodukten um 10% reduzieren, d. h. einen Tag pro Woche ohne Fleisch, Wurst, Milch und Eier auskommen, würden wir soviel Getreide einsparen, daß wir damit all die 60 Millionen Menschen ernähren könnten, die jedes Jahr den Hungertod sterben. Wenn wir 10% weniger Tierprodukte verzehren, dann haben wir 12 Millionen Tonnen Getreide zusammen, um jeden einzelnen dieser Menschen satt zu bekommen. (…)
Deshalb: geben Sie mir bitte einen Tag ohne Tierprodukte pro Woche, das entlastet die Umwelt bereits enorm …«

Menü

KOHLRABIROHKOST
KARTOFFEL-GEMÜSE-KRAPFEN
MIT BROKKOLICREME
RHABARBERKUCHEN

Kohlrabirohkost

4 KLEINE KOHLRABI • EINIGE JUNGE KOHLRABIBLÄTTCHEN • 2 KLEINE STANGEN LAUCH • 100 G HASELNÜSSE • 200 G SAURE SAHNE • SALZ • PFEFFER • 1 TL SÜSSER SENF • 1 EL OBSTESSIG

Kohlrabi schälen, fein stifteln, den Lauch in feine Streifen schneiden, die Nüsse grob hacken. Alle anderen Zutaten zu einer Sauce verrühren und unter das Gemüse mischen. Die Kohlrabiblättchen feinhacken und über den Salat streuen.

Kartoffel-Gemüse-Krapfen mit Brokkolicreme

500 G GEKOCHTE KARTOFFELN • 1 EI • 1 EIGELB • GEKÖRNTE GEMÜSEBRÜHE • KRÄUTERSALZ • MUSKAT • 1 EL BUTTER • 1 TASSE KLEINGESCHNITTENES, LEICHT GEDÜNSTETES GEMÜSE (MÖHREN, LAUCH, MAIS) • 2 EL GERIEBENER KÄSE • CA. 200 G FEINGEMAHLENER DINKEL • FETT ZUM BRATEN

BROKKOLICREME
300 G BROKKOLI • 1/8 L GEMÜSEBRÜHE • MUSKAT • GEMÜSEBRÜHE ODER KRÄUTERSALZ • 100 G SAHNE

Die gekochten Kartoffeln noch heiß pellen und zerdrücken. Mit Ei, Eigelb, Gemüsebrühe oder Kräutersalz, Muskat, Butter, dem Gemüse, Käse und Dinkel gut vermischen. Kleine Laibchen formen und auf beiden Seiten in heißem Fett goldbraun braten.
Geputzten Brokkoli in Gemüsebrühe kochen, dann pürieren. Mit Muskat und Kräutersalz abschmecken. Zum Schluß Sahne zugeben.

Rhabarberkuchen

CA. 700 G RHABARBER • 2 TL ZIMT • 150 G BLÜTENHONIG • 200 G BUTTER • 3 EIER • 1 PRISE SALZ • ABGERIEBENE SCHALE VON 1 UNBEHANDELTEN ZITRONE • 1 EL RUM • 1 TL BACKPULVER • 250 G FEINGEMAHLENER DINKEL

Rhabarber schälen und in etwa 4 cm lange Stücke schneiden. Mit dem Zimt und 3 Eßlöffel Honig gut vermischen. Butter mit dem restlichen Honig schaumig rühren, die Eier nach und nach darunterschlagen, Salz, Zitronenschale und Rum dazugeben. Backpulver mit dem Mehl vermischen und unter die Eiermasse mischen. Den Teig in eine gut gefettete Springform mit einem Durchmesser von 28 cm geben. Den Rhabarber gleichmäßig auf dem Teig verteilen. Im vorgeheizten Backofen bei 175° in etwa 45 Minuten goldbraun backen. Am besten mit Honigsahne servieren.

Während einer Autogrammstunde bemerkte ein junger Mann, er kaufe meine Bücher vor allem wegen der zwischen die Kapitel gestreuten Kalauer. Speziell für ihn hier der einzige dieses Buches. Die Geschichte soll sich tatsächlich so abgespielt haben: Zwei ältere Schauspielerinnen sitzen im Café. Die eine sieht schlecht, die andere hört schlecht. Sagt die eine zur anderen: »Wenn du mir sagst, wer reinkommt, sag ich dir, was sie reden!«

EXOTISCHES VON DR. DEVANANDO WEISE

Einen der harmonischsten Kochkurse hat Dr. Devanando Weise in meinem Seminarzentrum abgehalten.
Wie man erraten kann, ist Devanando Sannyasin. 15 Jahre lang war er an deutschen Universitäten als Lehrer und Forscher tätig, schließlich an der Universität Gießen, bis er zu Bhagwan nach Poona ging. Heute führt er ein exquisites vegetarisches Restaurant, das »Gourmet's Garden« in München (Adresse Seite 138); ferner ist er Autor eines ungewöhnlichen Kochbuches »Harmonische Ernährung«. Das Vorwort dazu verfaßte ein Psychoanalytiker, Prof. Dr. Michael Lukas Moeller. Dieses Vorwort erscheint mir vor allem deshalb so interessant, weil es sich mit der vieldiskutierten Frage beschäftigt – und diese auch beantwortet – warum häufig so unverhältnismäßig scharf und ablehnend, besonders von Vertretern des männlichen Geschlechtes, auf neue Formen der Ernährung reagiert wird.
Da für die meisten Menschen der erste Ernährer die Mutter ist, ist mit der Mutter auch DIE richtige Ernährung gekoppelt – jede Ernährungsumstellung bedeutet, oft unbewußt, eine Ablösung von der Mutter, einen Verrat an der Mutter.
»Die Umstellung der üblichen Ernährungsart wird nämlich unbewußt als eine Ablösung von der Mutter erlebt – und diese geht heute nicht so reibungslos vonstatten, wie wir es gerne sähen. Manchmal sehr offen, manchmal nur hintergründig empfunden, brauen sich Trauer, Wut, Hilflosigkeit, Ausgeliefertsein, Angst und vor allem Schuldgefühle, die Mutter im Stich zu lassen, zu einem dumpfen, intensiven Unbehagen zusammen. Die seelisch bedingten Eßstörungen wie Fettsucht, Eßbrechsucht und Magersucht – geradezu eine moderne Epidemie – sind ein beredtes Zeichen für diese wachsenden Ablösungsprobleme von der Mutter, denen wir mehr oder weniger alle ausgesetzt sind.«
So Professor Moeller.
Diese Überlegung erklärt, warum neue Ernährungsformen oft auf so erbitterten, ja geradezu fanatischen Widerspruch stoßen.
Da sitzt eine(r) ganz friedlich beim Salat, die anderen essen ihre Steaks. Und schon geht es los, von seiten der Steakesser, obwohl der Salatesser keinen Mucks von sich gegeben hat: aber Fleisch ist ein Stück Lebenskraft – die Menschen waren ursprünglich Jäger – man braucht Fleisch, um seinen Eiweißbedarf zu decken usw. usw.
Jeder Vegetarier kennt diese wütenden Attacken. Denn – so Professor Moeller weiter – »Keiner hat große Neigung, sich in so intensiver Form mit der im Essen wachenden Mutter auseinanderzusetzen. Große Anstrengungen werden unternommen, die Notwendigkeit eines besseren Essens vom Tisch zu wischen. Ganze Gedankengebäude werden errichtet, um diesem Schicksal zu entgehen.
Was ist in dieser Lage persönlich zu tun?
Die Kenntnis der seelischen Zusammenhänge eröffnet einen einfachen Ausweg. Es gilt zunächst, das neue Essen mit all seinen seelischen Nebenwirkungen solange beizubehalten, bis es als die übliche Mahlzeit angesehen wird. Von diesem Moment ab zieht das neue Essen die Mutterübertragung ebenso an sich wie einst das alte. Dann wirkt diese unbewußte Liaison positiv und stabilisierend auf die neue Eßweise.« (Zitatende).
Essensfragen sind also, nach Professor Moeller, unbewußt Mutterfragen. Und da der Sohn meistens noch mehr auf die Mutter fixiert ist als die Tochter, liegt es nahe, daß er noch stärker an der tradierten Ernährungsweise festhält als sie.
Nun, wie alle Kochkurse war auch Devanandos Kochkurs überwiegend von Frauen besucht. Allerdings kann ich mir aber kaum vorstellen, daß die männlichen Esser daheim bei einem von Devanandos köstlichen Gerichten passen würden.

Meine Ratschläge lauten:

1. Sagen Sie nie, das, was Sie gekocht haben, sei gesund – dann haben Sie von vorneherein verspielt.

2. Kündigen Sie nicht an, daß es heute etwas Neues oder gar etwas Vollwertiges gibt – gegen dieses Wort allein sind schon viele allergisch.

3. Kündigen Sie nicht an, daß Sie heute fleischlos gekocht haben!

Wenn Sie diese drei Regeln befolgen, werden alle das Essen genießen und kaum bemerken, daß Sie gesund, vollwertig und dazu fleischlos gekocht haben. Die Umstellung muß so sanft vor sich gehen, wie im Herbst die Blätter vom Baum fallen ...

In Devanandos Buch bin ich zum ersten Mal der These begegnet, daß auch unsere Ernährungsweise mit unserem Karma zu tun habe. Danach wäre der Leberkäs und die Maß Bier dazu für den einen vielleicht im Moment – in diesem Leben – sogar richtig, und nur für den anderen total falsch. Denn – Devanando zitiert hier Chris Griscom und Yogananda – der Mensch »sucht sich die Umstände, unter denen er weitere Erfahrungen machen will, vor der Geburt selbst aus. Demnach wählt sich jeder in seinem Leben seine Eltern, das Land, die soziale Stellung etc. aus, damit er ganz bestimmte Aspekte seines individuellen Karmas aufarbeiten und damit auslöschen kann.«

Menü

Wildkräuter mit Bärlauchsauce
Vollkornspätzle auf Salatbett
Gebackene Holunderblüten

Wildkräuter mit Bärlauchsauce

Je 1 handvoll junge Löwenzahnblätter, Vogelmieren, Schlüsselblumenblätter, Hirtentäschel, ganz junger Giersch, Gänseblümchenblätter und Blüten und was Sie sonst noch auf Ihrem Frühlingsspaziergang finden • einige Bärlauchblätter • 150 g saure Sahne • ½ TL Senf • Salz • Pfeffer • 1 TL Obstessig • 4 EL Gemüsebrühe

Alle Kräuter bis auf den Bärlauch kleinzupfen. Den Bärlauch fein scneiden und mit den restlichen Zutaten zu einer Sauce verrühren. Die Kräuter kurz vor dem Servieren untermischen.

Vollkornspätzle auf Salatbett

Spätzle

200 g Dinkel- oder Weizenmehl • 100 g Griess • 40 g feiner Dinkel- oder Weizenschrot • 4 Eier • 1 TL Salz • Muskat • evtl. Butter zum Braten

Salatbett

2 Chicoréestauden • 1 Kopf Blattsalat nach Wahl

zum Bestreuen

100 g geriebener Emmentaler • 1 EL gehackter Petersilie

Aus Dinkel- oder Weizenmehl, Grieß, Dinkel- oder Weizenschrot, Eiern, Salz und Muskat einen zähflüssigen Spätzleteig herstellen. Den Spätzleteig gut durchkneten. Dann den Teig mit einem Messer vom Brett in kochendes Salzwasser schaben oder aber mit einem Spätzlehobel hineinhobeln. Spätzle kurz aufkochen, herausnehmen und abtropfen lassen.
Kurz vor dem Servieren in etwas Butter anbraten. (Man kann die Spätzle auch einige Zeit im lauwarmen Wasser stehenlassen, damit sie so lange warm bleiben, bis die Chicoréeblätter und der zerrupfte grüne Salat auf 4 Tellern angeordnet sind. Das spart Fett!)
Chicoréeblätter und gewaschene Salatblätter auf 4 Teller dekorieren. Die heißen Spätzle in die Mitte jedes Tellers geben und mit Käse und der Petersilie bestreuen. Sofort servieren.

Gebackene Holunderblüten

200 g feingemahlener Dinkel • 3 Eigelb • ca. 0,35 l Milch • 2 EL Sonnenblumenöl • 1 Prise Salz • 2 EL Honig • ½ TL Vanille • 3 Eiweiss • 12 mittlere Blütendolden • 500 g Butterschmalz • Zimt zum Bestreuen

Mehl, Eigelbe, Milch, Öl, Salz, Honig und Vanille zu einem dickflüssigen Teig rühren und ca. 20 Minuten quellen lassen. Eiweiß steif schlagen und unter den Teig ziehen. Die Holunderdolden hineintauchen und in dem nicht zu heißen Butterschmalz goldgelb backen. Mit Zimt bestreut servieren.

Menü

Rucolasalat mit gebratenen Austernpilzen
Safran-Sprossen-Suppe
Chinesisches Wok-Gemüse mit Tofu und Reis
Erdbeer-Mascarpone-Creme

von Devanando Weise, das Sie übrigens
auch im »Gourmet's Garden« kosten können.

Rucolasalat mit gebratenen Austernpilzen

250 g Austernpilze • 4 EL kaltgepresstes Olivenöl • Kräutersalz • Pfeffer aus der Mühle • ½ TL frisch gepresster Zitronensaft • 2 Bund Rucola (ca. 100 g) • 8 Cherry-Tomaten • 1 EL Sherry • ½ TL Dijonsenf • 1 TL Honig

Austernpilze in mittelgroße Stücke schneiden und in 3 Eßlöffeln heißem Olivenöl weichbraten. Mit Salz, Pfeffer und Zitronensaft würzen und abkühlen lassen. Rucolasalat schneiden, Tomaten halbieren. Aus 1 Eßlöffel Olivenöl, dem Sherry, Senf, Honig, Kräutersalz und Pfeffer ein Dressing zubereiten, über den Salat geben und sofort servieren.

Safran-Sprossen-Suppe

1 mittelgroße Zwiebel • 1 Knoblauchzehe • 1 cm frisch geschälte Ingwerwurzel • 1 kleine, frische Pfefferschote (Chili), ohne Kerne • 1 EL kaltgepresstes Olivenöl • 300 g gemischte Sprossen (Bohnen, Linsen, Erbsen, Radieschen) • 1 EL Dinkel- oder Weizenmehl • je 1 TL Kurkuma (Gelbwurz) und gemahlener Koriander • 1 ½ TL gemahlener Kreuzkümmel • 1 TL Safranfäden • je 1 Prise Muskat und Piment • ¾ l Gemüsebrühe • 125 g Sahne • 2 EL frische, gehackte Petersilie

Zwiebel und Knoblauchzehe feinhacken. Ingwerwurzel und Pfefferschote in Streifen schneiden. Im heißen Sesamöl dünsten, bis die Zwiebeln glasig sind. Nun die Sprossen dazugeben und einige Minuten braten. Mehl und Gewürze darüberstäuben und unter ständigem Rühren 1 Minute braten. Mit der Brühe auffüllen, kurz aufkochen lassen und bei ausgeschalteter Hitze 5 Minuten ziehen lassen. Sahne unter die Suppe rühren und mit Petersilie bestreut servieren.

Chinesisches Wok-Gemüse mit Tofu und Reis

250 ml Gemüsebrühe • 2 EL Reiswein oder trockener Sherry • Sojasauce • 1 cm frische, geschälte Ingwerwurzel • 100 g Tofu • 2 EL Sesamöl • 1–2 Stangen Lauch • 4 Möhren • 1 grüne und 1 gelbe Paprikaschote • 100 g Shiitake-Pilze oder Champignons • 2 Frühlingszwiebeln • 1 cm frische, geschälte Ingwerwurzel • 1 Knoblauchzehe • 100 g Mungosprossen • einige Spritzer geröstetes Sesamöl • Chinagewürz • Pfeffer • Sojasauce oder Salz

Aus Brühe, Wein oder Sherry, Sojasauce und ganz fein geschnittenem Ingwer eine Marinade zubereiten. Tofu würfeln und mindestens 2 Stunden darin marinieren, auf Küchenkrepp abtropfen lassen und in 1 Eßlöffel heißem Sesamöl braten. Lauch in Ringe schneiden, Paprikaschoten und Möhren in längliche Stücke (nicht dicker als 3 mm Durchmesser). Pilze und Frühlingszwiebeln in Scheiben schneiden. Restliches Sesamöl im Wok erhitzen, zuerst in Streifen geschnittenen Ingwer und den in Scheiben geschnittenen Knoblauch braten. Unter Rühren alle anderen Zutaten wie folgt hinzufügen: erst Möhren, nach 2–3 Minuten Paprika, nach weiteren 2 Minuten Lauch, Pilze und Sprossen. Zum Schluß den Tofu dazugeben und alles mit geröstetem Sesamöl, Chinagewürz, Pfeffer, Sojasauce oder Salz nach Geschmack würzen.

Erdbeer-Mascarpone-Creme

200 g Quark • 100 g Mascarpone • 100 g geschlagene Sahne • 1 Messerspitze Vanille • 1 EL Zitronensaft • 250 g Erdbeeren

Aus den ersten 5 Zutaten eine Creme rühren, in Schälchen verteilen, mit frischen Erdbeeren garnieren.

Menü

Frühlingssalat »Amor«
Strudel mit Spinat und Schafskäse gefüllt
auf Kräuter-Sahne-Sauce
Topfenmousse auf Erdbeersauce

von Helga Kandler

Frühlingssalat »Amor«

1 Fenchelknolle • Kräutersalz •
100 g Champignons • 2 grosse Möhren • Zitronensaft •
Salatblätter von 1 Kopf grünem Salat • Apfelessig •
Pflanzenöl nach Wahl und Menge nach Geschmack

Cocktailsauce

2 Eigelb • 1 EL süsser Senf • Distelöl nach Geschmack •
2 EL Tomatenketchup • 1 EL Sojasauce • Kräutersalz •
Meersalz • Delikata • Salatgewürz • Zitronensaft •
saure Sahne nach Geschmack

zum Bestreuen

Verschiedene Keime (zum Beispiel aus Mungobohnen,
Kresse, Radieschen) • junge Löwenzahnblätter

Fenchel vierteln und fein schneiden. Mit Kräutersalz bestäuben. Champignons in dünne Scheiben schneiden. Möhren in Scheibchen schneiden oder hobeln und mit einem ganz kleinen Ausstecher Herzen oder andere Formen ausstechen. Sofort mit Zitronensaft beträufeln. Salatblätter auf Tellern anrichten, mit Apfelessig und Pflanzenöl beträufeln. Fenchel, Champignons und die Möhren auf dem Salat anrichten.
Für die Sauce Eigelb und Senf gut verrühren. Unter ständigem Rühren das Öl dazugeben. Wenn eine feste Masse entstanden ist, die Sauce mit Tomatenketchup, Sojasauce und den restlichen Zutaten abschmecken. Nach Geschmack mit saurer Sahne mischen. Auf den Salat geben, Keime und feingeschnittene Löwenzahnblätter darüberstreuen.

Strudel mit Spinat und Schafskäse gefüllt auf Kräuter-Sahne-Sauce

Dies ist tatsächlich das beste Strudelrezept, das ich kenne!

300 g feingemahlener Dinkel • 1 Ei • 1 Prise Salz •
250 g Sahne • 1 verquirltes Eigelb

Füllung

500 g Spinat • 3–4 EL Sahne • Knoblauch •
gekörnte Brühe • Muskat • 150 g Schafskäse

Sauce

200 g Sahne • frische, gehackte Kräuter •
Gemüsebrühe (Würfel) zum Würzen

Für den Teig Mehl, Ei, Salz und Sahne zu einem Teig verkneten. Mindestens 30 Minuten ruhen lassen. Inzwischen den Spinat blanchieren und mit den Gewürzen abschmecken. Den Teig zu einem dünnen Rechteck ausrollen und mit dem Spinat belegen. Obenauf Käsestückchen streuen. Den Strudel einrollen, mit dem Eigelb bestreichen und 30 Minuten bei mittlerer Hitze backen. Für die Sauce die Sahne aufkochen bis sie sämig ist. Im Mixer mit den Kräutern und der Gemüsebrühe luftig schlagen. Die Strudelstücke auf der Sauce servieren.

Topfenmousse auf Erdbeersauce

100 ml Orangensaft • 2 TL Agar-Agar •
250 g Quark (Topfen) • 2 EL Blütenhonig •
Zitronensaft • abgeriebene Schale von 1 Orange •
125 g geschlagene Sahne

Sauce

300 g Erdbeeren • 1 EL Blütenhonig

Den Orangensaft mit Agar-Agar aufkochen, mit Quark und Blütenhonig verrühren, mit Zitronensaft und der abgeriebenen Orangenschale abschmecken. Die Sahne unterheben. Die Masse in eine flache Form füllen und zugedeckt 2 Stunden kaltstellen. Für die Sauce die Erdbeeren mit dem Honig im Mixer pürieren. Jeweils einen Klacks dekorativ auf einen Teller verteilen. Mit einem Eßlöffel aus dem Mousse Nockerln ausstechen, auf die Erdbeersauce legen. Mit einer schönen Erdbeere und einem Zitronenmelissenblatt verzieren.

Menü

LÖWENZAHN MIT FRÜHLINGSZWIEBELN
KRESSE-CREME-SUPPE
SPARGELAUFLAUF
WINDBEUTEL MIT ERDBEERPÜREE

Löwenzahnsalat mit Frühlingszwiebeln

300 G JUNGE LÖWENZAHNBLÄTTER • 1 GROSSER KOPF GRÜNER SALAT • 1 BUND FRÜHLINGSZWIEBELN • 2 EL OBSTESSIG • SALZ • PFEFFER • 3–4 EL KÜRBISKERNÖL

Löwenzahnblätter waschen und kleinschneiden. Frühlingszwiebeln dünn schneiden, mit dem Löwenzahn vermischen. Den Kopfsalat in mundgerechte Stücke zupfen. Aus den restlichen Zutaten eine Sauce rühren, mit Salat und Löwenzahn vermischen und sofort anrichten.

Kresse-Creme-Suppe

2 EL FEINGEMAHLENER DINKEL • 3/4 L GEMÜSEBRÜHE • 1/4 L MILCH • SALZ • PFEFFER • 100 G SAHNE • 4–6 EL FEINGEHACKTE KRESSE • EVTL. 1 EIGELB

Dinkelmehl in einem Topf kurz anrösten, vom Herd nehmen und abkühlen lassen. Mit einem Schneebesen die Gemüsebrühe und die Milch mit dem Dinkel verrühren, aufkochen, mit Salz und Pfeffer würzen, bei schwacher Hitze die Sahne unterziehen und die Kresse dazugeben. Nicht mehr kochen lassen. Eventuell mit 1 Eigelb legieren.

Spargelauflauf

1 KG SPARGEL • 800 G GEKOCHTE KARTOFFELN • 8 EL GERIEBENER KÄSE • 100 G ZERLASSENE BUTTER • 2 EL GEHACKTE PETERSILIE • 1 EL WEIZENMEHL • 100 G SAHNE • 2 EIGELB • SALZ • PFEFFER • MUSKAT

Geschälte Spargelstangen »al dente« kochen, in ca. 3 cm große Stücke schneiden und mit in Scheiben geschnittenen Kartoffeln abwechselnd in eine gebutterte Form schichten. Jede Schicht mit etwas Käse bestreuen. Die letzte Schicht soll dicht gestreuter Käse bilden. Die übrigen Zutaten verrühren und über den Auflauf gießen. Im vorgeheizten Ofen bei 200° ca. 30 Minuten überbacken.

Windbeutel mit Erdbeerpüree

1/4 L WASSER • 60 G BUTTER • 1 PRISE SALZ • 150 G FEINGEMAHLENER DINKEL • 3 EIER • 1 TL BACKPULVER

FÜLLUNG

125 G SAHNE • 1 TL HONIG • 250 G ERDBEEREN

Wasser, Butter und Salz zum Kochen bringen, vom Herd nehmen. Das Mehl auf einmal in die Flüssigkeit schütten und wieder erhitzen, bis sich die Masse vom Topfboden löst. Die heiße Masse in eine Rührschüssel geben und sofort ein Ei unterrühren. Die restlichen 2 Eier verquirlen und nach und nach unter den fast ausgekühlten Teig mengen. Zum Schluß Backpulver einarbeiten. Auf ein mit Backpapier belegtes Blech mit Hilfe von 2 Teelöffeln oder einem Spritzbeutel kleine Bällchen setzen.In den kalten Backofen schieben und bei 180° ca. 30 Minuten backen. Während des Backens nicht öffnen, danach bei halb geöffnetem Ofen 5–10 Minuten stehen lassen. Sahne steif schlagen und mit Honig würzen. Erdbeeren pürieren. Abgekühlte Windbeutel aufschneiden und mit Honigschlagsahne füllen. Mit einem Mus aus frischen Erdbeeren anrichten.

Menü

Möhrensalat mit Früchten
Spargel mit Kräuter-Käse-Kartoffeln
Haselnussschnitte

von Helga Kandler

Möhrensalat mit Früchten

300 g Möhren • 1 Apfel • 1 Chicoréestaude • 1 in Würfel geschnittene Orange • 2 EL gehackte Haselnüsse • 1 EL Rosinen • Zitronensaft • 200 g geschlagene Sahne • Kräutersalz oder Streuwürze • Pfeffer • Senf • Honig • gehackte Petersilie

Möhren und Apfel raspeln, den Chicorée in Streifen schneiden und mit den Orangenwürfeln und Haselnüssen, Rosinen und Zitronensaft vermischen. Die Schlagsahne mit den Gewürzen pikant abschmecken und unter den Salat heben. Mit Petersilie bestreuen.

Spargel mit Kräuter-Käse-Kartoffeln

1 kg Spargel • 1 kg gekochte Kartoffeln • 120 g Butterkäse • 70 g Emmentaler • 50 g Parmesan • Butter für die Form • geriebener Käse • etwas Crème fraîche • Kräuter • Keime

Spargel in 15 bis 20 Minuten kochen. Die Kartoffeln in Viertel schneiden, die Käsesorten mischen. Abwechselnd Kartoffeln und Käse in eine gebutterte Auflaufform geben. Zum Schluß mit etwas Käse und Crème fraîche bestreuen.
Im Backofen bei mittlerer Hitze (180–200°) in etwa 15 Minuten schmelzen lassen. Mit dem Spargel, Kräutern und Keimen servieren.

Haselnußschnitte

5 Eigelb • 4 EL Wasser • 120 g Blütenhonig • 4 steifgeschlagene Eiweiss • 100 g gemahlene, geröstete Haselnüsse • 150 g feingemahlener Dinkel • abgeriebene Zitronenschale • 100 g Aprikosen- oder Hagebuttenmarmelade • 250 g geschlagene Sahne • gekeimte Sonnenblumenkerne zum Bestreuen

Die Eigelbe mit dem Wasser und Blütenhonig schaumig schlagen. Eischnee, Haselnüsse, Mehl und Zitronenschale unter die Masse heben. Den Teig auf ein mit Backpapier ausgelegtes Backblech streichen und im Backofen etwa 15 Minuten bei mittlerer Hitze (180–200°) backen. Den Kuchen abkühlen lassen, eine Hälfte mit Aprikosen- oder Hagebuttenmarmelade und der Hälfte der Sahne bestreichen, die andere Kuchenhälfte darauflegen, nochmals mit Sahne bestreichen und mit den Haselnüssen und gekeimten Sonnenblumenkernen bestreuen.

Menü

Rohkost mit Joghurtsauce
Spinatnockerln in Rahmsauce
Früchteriegel

von Helga Kandler

Rohkost mit Joghurtsauce

¼ Kopfsalat • ¼ Chinakohl • ¼ Bologneser- oder Eisbergsalat • 1 Handvoll Löwenzahnblätter • 1 Apfel • 1 rosa Grapefruit

Sauce

200 g Joghurt oder Dickmilch • 1 EL Blütenhonig • Saft von ½ Zitrone • 2 EL Walnussöl • Kräutersalz oder Streuwürze • weisser Pfeffer • Nüsse und Keime zum Bestreuen

Die Blattsalate und die Löwenzahnblätter in Streifen schneiden, Apfel und Grapefruit würfeln. Alle Saucenzutaten verrühren, die Sauce über den Salat geben und vorsichtig unterziehen. Mit grob gehackten Nüssen und Keimen bestreuen.

Spinatnockerln in Rahmsauce

80 g Butter • 3 Eier • Salz • Pfeffer • Muskat • 1 durchgepresste Knoblauchzehe • 150 g feingemahlener Dinkel • 100 g Quark • 80 g blanchierter und kleingeschnittener Blattspinat

Sauce

1 kleine feingeschnittene Zwiebel • ⅛ l Gemüsebrühe • 125 g Sahne • etwas Mehlbutter • 1 kleingeschnittene Tomate • Sojasauce • gekörnte Brühe • Pfeffer • gehackte Petersilie zum Bestreuen

Butter, 2 Eigelb und 1 Ei schaumig schlagen. Mit Salz, Pfeffer, Muskat und Knoblauch würzen. Den feingemahlenen Dinkel und den Quark unterrühren. Zum Schluß den kleingeschnittenen Spinat und 2 steifgeschlagene Eiweiß unter die Masse ziehen. Mit 2 Eßlöffeln Nockerln formen und in reichlich heißem Salzwasser etwa 12 Minuten ziehen lassen. Anschließend mit einer Schaumkelle die Nockerln aus dem Wasser heben.
Für die Sauce die Zwiebelwürfel ohne Fett anrösten, mit der Gemüsebrühe und der Sahne aufgießen, die Flüssigkeit etwas reduzieren und mit Mehlbutter binden. Mit Sojasauce, gekörnter Brühe und Pfeffer abschmecken, evtl. Tomatenwürfel hineingeben. Mit Petersilie bestreuen.

Früchteriegel

8 Dörrpflaumen • 4 Feigen • 5 getrocknete Aprikosen • 1 Banane • 3 EL Kokosflocken • 1 EL Honig • Saft von 1 Zitrone • Zimt

Teig

100 g feingemahlener Dinkel oder Weizen • 100 g feine Haferflocken • 1 TL Weinsteinpulver • 1 EL Sonnenblumenkerne • 1 EL gemahlene Haselnüsse • 2 EL Blütenhonig • 100–150 g Joghurt • 5 EL Sahne • 100 g Kokosflocken

Die Trockenfrüchte in Wasser einweichen und kleinschneiden. Die Banane würfeln. Die Früchte mit den Kokosflocken, dem Honig, Zitronensaft und Zimt vermischen.
Für den Teig die angegebenen Zutaten verkneten. Eine Hälfte des Teiges ausrollen und auf ein mit Backpapier belegtes Blech legen, mit der Füllung bestreichen und die zweite ausgerollte Teighälfte als Deckel darauf legen. Mit Kokosflocken bestreuen und bei mittlerer Hitze etwa 30–40 Minuten backen.

SOMMER

KOCHEN BEI 30 GRAD IM SCHATTEN

Ein bißchen bin ich wohl der Typ, den Wilhelm Busch ironisiert: schön ist es auch anderswo, und hier bin ich sowieso ...

So kehre ich äußerst ungern um; wenn sich zum Beispiel ein einmal eingeschlagener Weg als falsch erweist, nehme ich doch lieber große Strapazen und das Risiko, mich zu verlaufen in Kauf – bloß nicht zurückgehen.

Der absolute Traumurlaub ist für mich der auf einem Segelboot. Ohne störende Motorgeräusche dahinsegeln, nichts hören als das Rauschen des Windes in den Segeln – und dann immer noch um die nächste Landzunge herum und wieder um die nächste, schauen, was dahinter liegt – immer weiter, immer weiter ...

Ich hatte bereits einen Segeltörn gemacht, aber mit »normalen« Mitpassagieren und mit »normalem« Essen; Sie kennen das ja, da bleibt unsereinem nur der Salat und der Käse. Und nun hatte ich mir einen Vollwertkost-Segeltörn in den Kopf gesetzt. Ich heuerte drei Segelboote an, wunderschöne Oldtimer, mit gigantischen Masten und Segeln ausgestattet, und fand auch die nötigen 30 netten Menschen, die bereit waren, mitzusegeln.

Durch die jugoslawische Inselwelt ging die Fahrt. Wenn unsere drei stolzen Oldtimer in die Häfen einliefen, versammelten sich die Menschen am Kai. Schau mal, Mutti, Piraten! rief ein kleiner Junge bewundernd.

Da kann man süchtig werden. Es gibt Leute, die monatelang auf diesen Segelschiffen im Meer herumschippern. Es ist ja auch zu schön, man hat alles, was einen Urlaub zum Traumurlaub macht, das Meer und den Wind, die Stille einer abseits gelegenen Bucht, den fröhlichen Lärm des Hafens – kann schwimmen und surfen und Wasserskifahren, herrlich essen, ohne sich groß anziehen zu müssen, weite Landspaziergänge machen – wahrlich ein Traum, noch unwahrscheinlicher dadurch, daß an Bord ein komplettes Schönheitsprogramm mit Naturkosmetik geboten wurde. Ihren Frisiersalon schlug Erika – Boots-Chefin, Friseurmeisterin und Frau für überhaupt alles in einem – im Hafen auf. Unter einem schattigen Feigenbaum sitzend, von Oleanderdüften umschmeichelt, von Bordhund Oskar bewacht, konnte man sich die Haare färben und kostbare Öle in die nach Schönheit dürstende Haut massieren lassen, wobei ein erquickender eisgekühlter Weißwein nie fehlte. Gelegentlich gesellte sich auch ein Bauer aus den umliegenden Tomaten- und Paprikafeldern dazu, um sich rasieren zu lassen.

Obwohl ich mir fest vorgenommen hatte, diesmal keinen Fuß in die Küche zu setzen, stand ich doch wieder am Herd. Bis die Crew herausgefunden hatte, wie denn nun der Frischkornbrei zubereitet wird und wie die Getreidemühle funktioniert ...

Gar nicht so einfach, in so einer engen Bordküche für 30 Leute und die Mannschaft Grünkernlaibchen zu braten, gar nicht so einfach, wenn die Pfannen schief stehen, das Öl steuerbord absackt und backbord die Boulette mangels Fett anbrennt. Und das alles bei 30 Grad im Schatten.

Eines abends besetzte zur allgemeinen Freude mein bulgarischer Arztfreund Emil die Bordküche und brutzelte nationale Spezialitäten. Das Dinner geriet so zwar noch später als gewöhnlich, weil zu allem Überfluß auch noch die Holzkohle ausging – bestach aber durch sowohl Einfachheit wie Raffinesse. Und so sah es aus:

VORSPEISE

Panierte Zucchinischeiben, in Öl gebraten mit einer Sauce aus Joghurt, Sahne und Knoblauch; Paprikaschoten im Ofen gebacken mit Tomatensauce, dazu Weizenbrot.

HAUPTGERICHT

AUBERGINEN IMAM BAYILDI

DESSERT

BULGARISCHER SCHAFSKÄSE

Das Auberginenrezept Imam Bayildi stammt von Emils Oma, der Baba Veska. Wie unschwer zu erraten, ein türkisches Rezept, denn Bulgarien war 500 Jahre lang, bis 1878, unter türkischer Herrschaft.
Und so wird's gemacht: ganze Auberginen innen aushöhlen. Hinein kommt eine Fülle aus Zwiebeln, gebratenem Reis, kleingeschnittenen Möhren und Sellerie, viel Petersilie und geriebenem Käse. Die gefüllten Auberginen werden in einer feuerfesten Form nebeneinander aufgestellt, mit Tomatensauce übergossen, mit Butterflöckchen bestreut und etwa 1 Stunde im Ofen gebakken.
Übrigens: falls jemand von Ihnen gerne abnehmen möchte und es ist gerade Sommer – Dr. Iliev hat große Erfolge mit einer Diät aus Melonen und Käse.
14 Tage lang nichts als Melonen und Käse: schmeckt gut, entwässert enorm und man wird dabei nicht schlapp. Wurde an Bord mit Erfolg durchgeführt!

In einem Film, dessen Titel ich vergessen haben, spielte Lilli Palmer eine von Diätproblemen geplagte Schauspielerin. Nach endlosen Kasteiungen schlägt sie nach der Theaterpremiere zu. In einem sündteuren Restaurant bestellt sie zum Souper – fettriefende Bratkartoffeln. Ich erinnere mich an nichts als an diese Szene: wie die todschicke Lilli Palmer sich in dem todschicken Lokal auf die Bratkartoffeln freut.
Die Vollwertkostesser haben nach meiner Erfahrung mit den Fetten kaum Probleme. Die versteckten Fette in Fleisch und Wurst fallen weg – und die richtigen Fette, nämlich Sahne, Butter und kaltgepreßte Pflanzenöle, machen nicht dick. Wäre dem nicht so, müßte ich eine Tonne sein. Bin ich aber nicht!

Trarira – der Sommer der ist da!
So kurz und bündig begrüßen die Kinder des Jahres schönste
Monate. Poetischer tut's der Dichter Ringelnatz:
Zupf dir ein Wölkchen aus dem Wolkenweiß,
das durch den sonnigen Himmel schreitet.
Und schmücke den Hut, der dich begleitet,
mit einem grünen Reis.

Verstecke dich faul in der Fülle der Gräser,
weil's wohltut, weil's frommt.
Und bist du ein Mundharmonikabläser
und hast eine bei dir, dann spiel, was dir kommt.

Und laß deine Melodien lenken,
von dem freigegebenen Wolkengezupf.
Vergiß dich. Es soll dein Denken
nicht weiter reichen, als ein Grashüpferhupf.

Menü

Bunter Sommersalat
Spinat-Hirse-Auflauf
Feine Marillenknödel aus Brandteig

Bunter Sommersalat

Wem lacht nicht das Herz beim Anblick eines farbenprächtigen sommerlichen Gemüsemarktes mit den überquellenden Ständen von Tomaten und Paprika, Auberginen und Kürbis, Zucchini und grünen Salaten, Zwiebeln und Knoblauchzöpfen und frischen Kräutern?

1 Kopfsalat • ½ Gurke • 250 g Tomaten • 1 grüne Paprikaschote • 1 rote Paprikaschote • 1 Bund Radieschen • 1 kleine Zwiebel • Sellerieblätter • Borretschblüten • Schnittlauch • Petersilie

Dressing

300 g saure Sahne • 1 zerdrückte Knoblauchzehe • 1 TL Sojasauce • 1 TL feingehackte Kräuter • Salz • Pfeffer • Saft einer Zitrone

Kopfsalat rupfen, Gurke, Tomaten und Paprika in Würfel und Streifen schneiden. Die übrigen Salatzutaten ebenfalls zerkleinern. Für das Dressing die angegebenen Zutaten verrühren. Salat auf Teller verteilen und das Dressing dazureichen.

Spinat-Hirse-Auflauf

300 g Hirse • 1 l Gemüsebrühe (oder halb Brühe, halb Milch) • 2 Zwiebeln • 2 EL Öl • gehackte Kräuter nach Geschmack • evtl. Knoblauch • Muskat • Kräutersalz und Pfeffer • 1 kg Blattspinat • 1 Zwiebel • 2–3 EL Öl • Kräutersalz oder etwas gekörnte Brühe • Knoblauch nach Geschmack • Muskat • etwas Butter • 100 g frisch geriebener Parmesan oder Bergkäse • Butterflöckchen

Hirse in der Gemüsebrühe aufkochen, 5 Minuten kochen und bei schwacher Hitze etwa 20–30 Minuten ausquellen lassen. Gehackte Zwiebeln im Öl glasig dünsten und zugeben. Hirsebrei mit Kräutern und Gewürzen abschmecken. Spinatblätter mehrmals gründlich waschen. Gehackte Zwiebel in dem Öl glasig dünsten. Abgetropfen Spinat zugeben, zusammenfallen lassen. Mit Kräutersalz oder gekörnter Brühe, evtl. gepreßtem Knoblauch und Muskat abschmecken, Butter unterziehen. Blattspinat locker unter den Hirsebrei mischen – die Spinatblätter sollten noch sichtbar sein. In eine gebutterte Auflaufform füllen, mit Käse bestreuen, Butterflöckchen darauf setzen. Im Ofen bei 200° 20–30 Minuten überbacken (je nachdem, ob die Zutaten kalt oder warm sind). Mit gegrillter Tomate anrichten. Alle Spinatgerichte lassen sich auch mit Mangold oder mit jungen Brennesseln zubereiten.

Feine Marillenknödel aus Brandteig

1 Brandteig (siehe Rezept Seite 34) • 2–3 EL Mehl • 12 kleine Marillen (Aprikosen) • 2 EL Butter • 5 EL Vollkornbrösel • 1 EL gemahlene Haselnüsse oder Mandeln • 1 TL Zimt • Honig nach Bedarf

Den Brandteig mit dem Mehl verkneten und in 12 gleichmäßige Stückchen teilen. Flachdrücken, jeweils 1 Aprikose in die Mitte legen. Teig als Knödel um die Aprikosen formen. In 3 l sprudelnd kochendes Salzwasser geben, Hitze reduzieren und die Knödel ohne Deckel garziehen lassen, bis sie an die Oberfläche steigen. Butter zerlassen, Brösel und Nüsse hineinstreuen, kurz rösten und mit Zimt über die abgetropften Knödel verteilen. Honig nach Bedarf darüberträufeln.

APROPOS POLENTA

In einer Bar in Venedig unterhielten sich beim Aperitif zwei italienische Männer über das Essen. Es ging um die Polenta. »Meine Mutter macht eine gute Polenta!« sagte der erste, »Meine Mutter macht eine sehr gute!« antwortete der zweite. Darauf der erste: »Meine Mutter rührt eine halbe Stunde und hat so einen Arm!« Er winkelt den Unterarm an und demonstriert den trainierten Oberarmmuskel der Mamma. Darauf der andere: »Meine Mutter rührt dreiviertel Stunden und hat so einen Arm!« Es folgt die entsprechende Oberarmmuskeldemonstration dieser Mamma. Rühren, rühren und nochmals rühren, darum geht es bei der Polenta, denn sie brennt leicht an. Es soll eine »feine, knusprige Haut an der Topfinnenwand entstehen«, erklärt mir Dora, die lange in Italien gelebt und mit Freunden eine Polenta auf offenem Feuer zubereitet hat, für deren Gelingen – abwechselnd – zwei Stunden gerührt wurde. Polenta kann warm oder kalt gegessen werden. Von Dora stammt folgender Auflauf, zu dem Sie Reste übriggebliebener Polenta verarbeiten können:

1 Schicht Polenta, 1 Schicht mit Zwiebel gedünstete Pilze, 1 Schicht Tomatensauce, mit Käse überstreuen und im Ofen überbacken.

Menü

Wildsalate mit Sojasprossen und Spargelspitzen
mit Pinienkern-Vinaigrette
Erbsenschoten und Frühlingszwiebeln
mit gerührter Polenta
Pfefferminzsorbet mit Campari-Orange

von Werner Ultsch

Wildsalate mit Sojasprossen und Spargelspitzen

Vinaigrette

10 g geröstete Pinienkerne • 1 TL gehackter Kerbel • 1 TL gehackte Petersilie • 1 TL gehacktes Basilikum • 10 g geriebener Parmesan • geriebene Schale von ¼ unbehandelten Orange • Salz • Pfeffer • 3 EL Olivenöl • ½ TL Kräuteressig • 1 TL Weinessig (Aceto balsamico) • 2 EL Gemüsefond

Gemüse

120 g Sojasprossen • 120 g geschälte Spargelspitzen • Salz • Zitronensaft

Salat

120 g in Salzwasser gewaschene gemischte Wildsalate (Löwenzahn, Sauerampfer, Brunnenkresse, Brennesselspitzen) • 60 g junger Spinat • 1 EL Walnussöl • 1 EL Kräuteressig oder Aceto balsamico • 1 EL Zitronensaft • Salz

Pinienkerne, Kerbel, Petersilie und Basilikum im Mörser zu einer Paste zerreiben. Käse, Orangenschale, Salz, Pfeffer und Olivenöl daruntermischen. Kurz vor dem Servieren Essig und Gemüsefond dazugeben. Sojasprossen und Spargelspitzen in Salzwasser mit Zitronensaft blanchieren. Die Wildsalate zupfen und mit dem Spinat mischen. Mit Walnußöl, Zitronensaft und Salz marinieren. Gemüse mit der Vinaigrette marinieren und auf den Wildsalaten anrichten.

Zuckererbsen und Frühlingszwiebeln mit gerührter Polenta

500 G ZUCKERERBSEN • 40 G BUTTER • 20 FRÜHLINGSZWIEBELN • 0,2 L GEMÜSEFOND • 100 G ZWIEBELPÜREE • 1 EL ESTRAGONESSIG • 40 G GEKÜHLTE BUTTERWÜRFEL • 1 TL GEHACKTER ESTRAGON • 20 G AHORNSIRUP • SALZ • PFEFFER

POLENTA

½ L WASSER • SALZ • 150 G MITTELFEIN GEMAHLENER MAISGRIESS • 40 G BUTTER • 1–2 EL MASCARPONE

Zuckererbsen und Frühlingszwiebeln in Butter dünsten. Mit Gemüsefond ablöschen. Zwiebelpüree und Estragonessig einrühren. Das Gemüse bißfest dünsten und mit den Butterwürfeln binden. Estragon und Ahornsirup dazugeben. Mit Salz und Pfeffer abschmecken.

Für die Polenta Salzwasser aufkochen und unter ständigem Rühren den Maisgrieß hineinrieseln lassen. Etwa 40 Minuten bei mittlerer Hitze und öfterem Rühren garen. Topf vom Herd nehmen und Butter und Mascarpone darunterrühren. Mit einem feuchten Tuch bis zum Servieren abdecken. Das Gemüse in einer vorgewärmten Schüssel anrichten. Mit der Polenta servieren. Nach Geschmack dazu etwas gehobelten Hartkäse (Parmesan, Bergkäse) reichen.

Pfefferminzsorbet mit Campari-Orange

0,2 L GEWÜRZTRAMINER • SAFT VON 1 ZITRONE • 150 G BLÜTENHONIG • 10 G FRISCHE, AROMATISCHE GEHACKTE PFEFFERMINZE • 20 G GEHACKTE SENFFRÜCHTE

CAMPARI-ORANGE

SAFT VON 2 ORANGEN • 4 EL CAMPARI • 6 SCHÖNE PFEFFERMINZBLÄTTER ZUM DEKORIEREN • 1 FILIERTE ORANGE

Zitronensaft durch ein feines Sieb gießen, mit dem Wein und den Zutaten verrühren. In der Eismaschine oder Sorbetiere gefrieren. Sollte ein solches Gerät nicht zur Verfügung stehen, die Flüssigkeit in eine Schüssel gießen und in das Gefrierfach stellen. Nach 1 Stunde mit dem Schneebesen aufrühren und weitergefrieren lassen. Dieses Aufrühren alle 30 Minuten wiederholen, bis das Sorbet gefroren ist.

Für den Campari-Orange Orangensaft ebenfalls durch ein feines Sieb gießen, mit dem Campari vermischen und auf Glas-Schalen verteilt. Je eine Kugel Pfefferminzsorbet daraufsetzen, mit je zwei Orangenfilets und einem Pfefferminzblatt dekorieren.

Im Winter kann der Campari durch den Saft frischer Granatäpfel ersetzt werden.

Menü

Kalte Gurkensuppe
Überbackene Zucchini mit Grilltomate
Weizenrisotto
Hirsepudding auf Erdbeermark

Kalte Gurkensuppe

2 schlanke Salatgurken • 1 Bund Dill • 2 Knoblauchzehen • Salz • Pfeffer • 200 g saure Sahne • ¼ l kalte Gemüsebrühe

Gurken waschen und möglichst fein raspeln. Dill fein hacken (4 schöne Zweiglein zurücklegen), mit den gepreßten Knoblauchzehen, Salz und Pfeffer unter die Gurken mischen. Die saure Sahne mit der Gemüsebrühe verquirlen und die anderen Zutaten dazugeben. In Suppentassen anrichten, kalt stellen und vor dem Servieren mit den Dillzweiglein garnieren.

Überbackene Zucchini mit Grilltomate

4 mittelgrosse Zucchini • Salz • Pfeffer • Saft von ½ Zitrone • 150 g geriebener Emmentaler • 75 g Mandelstifte • 4 Eigelb • 6 EL süsse oder saure Sahne • 4 Tomaten • Öl zum Bestreichen • Basilikumblättchen

Zucchini längs halbieren und in eine gut gefettete Auflaufform setzen. Mit Salz, Pfeffer, Zitronensaft würzen. Die restlichen Zutaten mischen und auf die Zucchini verteilen. Die Tomaten kreuzweise einscheiden, mit Salz und Pfeffer bestreuen, mit Öl bepinseln und Basilikum darüberstreuen. Zu den Zucchini in die Form setzen. Im vorgeheizten Backofen bei ca. 200° 10–15 Minuten backen, bis die Zucchini goldbraun sind. Dazu paßt Weizenrisotto.

Weizenrisotto

400 g Weizen • 1½ l Wasser • Salz • Pfeffer • 1 Lorbeerblatt • 1 Zwiebel • 1 Stück Knollensellerie • 1 EL zerlassene Butter • evtl. gemischte, gehackte Kräuter

Weizen über Nacht im Wasser quellen lassen. Die Gewürze, die Zwiebel und den Sellerie hinzufügen, aufkochen und ca. 40 Minuten köcheln lassen. Den Weizen in ein Sieb schütten und in der zerlassenen Butter in einer Pfanne schwenken. Eventuell mit Kräutern bestreuen.

Hirsepudding auf Erdbeermark

½ l Milch • 1 EL Honig • 1 EL Rosinen • 100 g Hirse • 2 Eier • 1 EL gehackte Mandeln

Erdbeermark
500 g Erdbeeren • 2 EL Honig • etwas Vanille
125 g geschlagene Sahne

Milch mit Honig und Rosinen zum Kochen bringen, Hirse dazugeben, aufkochen und bei schwacher Hitze ca. 20–30 Minuten ausquellen lassen. In die abgekühlte Masse 2 Eigelb und die Mandeln rühren. Zum Schluß den Schnee der 2 Eiweiß unterheben.
Erdbeeren, Honig und Vanille im Mixer pürieren. Auf 4 Dessertteller jeweils 1 großen Löffel Erdbeerpüree zerlaufen lassen. Mit einem Eisportionierer aus dem Hirsebrei Kugeln formen, auf die Sauce setzen und mit einem Tupfen Schlagsahne verzieren.

»WER WILL, DASS DIE WELT SO BLEIBT, WIE SIE IST, WILL NICHT, DASS SIE BLEIBT.«

Erich Fried

Immer mehr Menschen haben das Bedürfnis, nicht aus-, aber umzusteigen, in dieser heillos gewordenen Welt zu retten, was noch zu retten ist, haben den Wunsch, mitzuhelfen, daß sie vielleicht doch noch wieder heil wird, pfleglicher als bisher mit Pflanze, Tier und anderen Menschen umzugehen, in ökologisch intakter Umwelt unter gleichgesinnten liebevollen Menschen zu leben, zu arbeiten und alt zu werden.

Aus diesem Grund habe ich 1987 den »Gemeinnützigen Verein zur Förderung ganzheitlicher Lebensweise« gegründet. Der Verein, der inzwischen etwa 200 Mitglieder zählt, hat in einem wunderschönen alten Gutshof im lieblichen Salzburger Land ein vorübergehendes Zuhause gefunden. Alles, was an Geld aufzutreiben war, haben wir in die Wohnlichmachung des Haupthauses gesteckt, das wir für einige Jahre mieten konnten. Eröffnet wurde das Haus am 7. April 1987 mit einem rauschenden Fest, zu dem ungefähr tausend Besucher aus Nah und Fern sich einfanden. Bei barocker Blasmusik wurden auf der Straße Vollkornwaffeln gebacken, Dinkellaibchen gebrutzelt und die köstlichsten »Mehlspeisen« sprich Kuchen und Torten angeboten.

Inzwischen hat unser Seminarzentrum, in dem erfolgreiche Seminare zu allen Themen ganzheitlicher Lebensweise abgehalten werden wie biologischer Land- und Gartenbau, ökologische, gesunde Bauweise, Heilkräuterkurse und -wanderungen, aber auch Seminare zur Selbstheilung von Wirbelsäulen- und Haltungsschäden, Edelsteintherapie und Farbenberatung, einige Berühmtheit erlangt. Ich freue mich jedes Mal, wenn jemand verlauten läßt: »in diese ›Öko-Uni‹ mußt du mal hingehen.« (Näheres siehe Seite 139.)

Im Sommer 1991 wurde im Seminarhaus auch ein Vegetarisches Restaurant eröffnet, man kann also bei uns auch außerhalb des Seminarprogramms Urlaub machen. Einige Zimmer stehen im Haus zur Verfügung, die übrigen Gäste werden in Gasthöfen, Pensionen und auf Bauernhöfen in der Umgebung untergebracht.

Wir versuchen, soviel Geld zusammen zu bringen, daß wir in Kürze mit eigenen Mitteln, ohne Bankkredite, auf einem geeigneten Gelände ein großes eigenes Seminarhaus errichten können, ferner kleinere und größere Wohnungen sowie einzelne kleine Häuser, die gemietet oder gekauft werden können. Geplant sind außerdem eine eigene Bäckerei, ein eigenes Restaurant wie auch ein Therapiezentrum, in dem die Heilweisen der Zukunft, Ayurveda, Bachblüten, Akupunktur etc. angeboten werden. Irgendwann soll es dann auch einmal einen Kindergarten geben, in der Art vielleicht, wie ihn Chris Griscom in Amerika kreiert hat, oder nach Montessori-Art, und auch ein Gnadenhof für alte einsame Tiere gehört zu meinen Wunschträumen.

Selbstverständlich soll jeder Bewohner in der Gemeinschaft bleiben dürfen bis zum Lebensende, kein alter Mensch ins Altersheim müssen, kein Tier ins Tierheim. Die einzige Forderung an diejenigen, die bei uns leben möchten: Toleranz! Jeder muß beten dürfen, wie er/sie will – ein bißchen Sinn für Humor wäre auch erwünscht, und die Bereitschaft, für den guten Zweck zu dienen.

Zu schön, um wahr zu sein, diese Träume?

Nach allem, was trotz großer Schwierigkeiten in den letzten beiden Jahren bereits erreicht wurde, bin ich zuversichtlich; getreu dem Motto, das ich mir für unseren Verein als Leitspruch ausgesucht habe, einen Satz des lateinamerikanischen Bischofs Camara: »Wenn einer träumt, bleibt es ein Traum – wenn viele träumen, beginnt der Traum, Wirklichkeit zu werden.«

Menü

Salat »Caprice«
Fitness-Steak mit Gurkensauce
Avocadocreme

von Helga Kandler

Salat »Caprice«

4 Tomaten • 1 Tasse Maiskörner • 250 g Zuckererbsenschoten • 1 Avocado • ½ Kopf Endiviensalat • 4 EL Cocktailsauce (Rezept Seite 33) • gehackte Kräuter zum Bestreuen

Die Zuckererbsen kurz blanchieren. Die Tomaten in Würfel schneiden. Aus der Avocado mit einem Kugelausstecher Kugeln stechen, ebenfalls dazugeben. Auf jeweils 4 Teller Endivienblätter legen und die anderen Salatzutaten darauf anordnen. Jeweils 1 Eßlöffel Cocktailsauce darübergeben. Mit gehackten Kräutern bestreuen.

Fitneß-Steak mit Gurkensauce

½ l Hefebrühe • Koriander • Kümmel • 300 g grobgeschroteter Dinkel • 100 g über Nacht eingeweichte Gerstenkörner • 2 Eier • 1 kleine feingewürfelte Zwiebel • 1 durchgepresste Knoblauchzehe • Getreidegewürz (nach eigenem Rezept von Helga Kandler gemischt) oder Kräuter der Provençe • ½ kleingeschnittene Lauchstange • Kräutersalz oder Streuwürze • 4 Scheiben Käse (z. B. Emmentaler)

Sauce

1 kleingeschnittene Zwiebel • ⅛ l Gemüsebrühe • 125 g Sahne • 1 Salatgurke • 1 kleingewürfelte Tomate • Kräutersalz • evtl. Pfeilwurzmehl

Die Brühe mit gemahlenem Koriander und Kümmel würzen, den Dinkelschrot und die Gerstenkörner in die kochende Brühe geben, aufkochen lassen und zugedeckt 2–3 Stunden quellen lassen. Die abgekühlte Getreidemasse mit den Eiern, Zwiebelwürfeln, Knoblauch, Getreidegewürz oder Kräuter und Lauch verkneten. Eventuell mit Kräutersalz oder Streuwürze abschmecken. Aus der Masse 8 Steaks formen. Auf 4 jeweils 1 Scheibe Käse legen, ein 2. Getreidesteak darauf legen, etwas zusammendrücken und in wenig Öl bei schwacher Hitze langsam auf beiden Seiten goldbraun braten. Für die Sauce die Zwiebel ohne Fett anrösten, mit der Brühe und Sahne aufgießen und 5 Minuten köcheln lassen. Gurke entkernen und in Streifen schneiden, zur Sauce geben, einmal aufkochen lassen. Zum Schluß mit Kräutersalz und Tomatenwürfeln verfeinern. Eventuell mit Pfeilwurzmehl binden.

Avocadocreme

1 Avocado • Saft von 1 Zitrone • 2 EL Blütenhonig • 1 Prise Zimt • 200 g geschlagene Sahne • 4 Orangenscheiben • 4 Cocktailkirschen

Das Fruchtfleisch der Avocado mit Zitronensaft, dem Honig und Zimt pürieren. Die geschlagene Sahne darunterziehen, in 4 Portionsgläser füllen und jeweils mit einer Orangenscheibe und einer Cocktailkirsche dekorieren.

Menü

Zucchini-Rohkost
Blechkartoffeln mit grünen Bohnen, Dillsauce und Kräuterquark
Biskuitrolle mit Himbeersahne

Zucchini-Rohkost

4 kleine Zucchini • 1 grosse Möhre • 1 kleiner Kohlrabi • 100 g rote Johannisbeeren

Salatsauce

4 el Sonnenblumenöl • Saft von 1 Zitrone • 1 tl Senf • je 1 tl gehackte Petersilie, Schnittlauch, Zitronenmelisse und Kohlrabiblättchen • Pfeffer • Salz

Alle Gemüse fein raspeln, die abgezupften Johannisbeeren mit dem Gemüse mischen. Alle Zutaten zu einer Salatsauce verrühren und diese unter das Gemüse ziehen. Mit kleinen Melissenblättchen dekorieren.

Blechkartoffeln mit grünen Bohnen, Dillsauce und Kräuterquark

1,5 kg mehlige, mittelgrosse Kartoffeln • Rosmarin • Kümmel • Kräutersalz • Öl

Kartoffeln gründlich bürsten und waschen, halbieren, mit der Schnittfläche auf ein großzügig geöltes, mit Rosmarin und Kümmel bestreutes Blech legen; die Kartoffeln mit Öl bepinseln und etwas Kräutersalz darüberstreuen. Im vorgeheizten Backofen bei 180° etwa 1 Stunde knusprig braun backen. Inzwischen Bohnen, Sauce und Kräuterquark zubereiten.

Bohnen

800 g grüne Bohnen • Salzwasser • Butter

Dillsauce

1 feingehackte mittelgrosse Zwiebel • 2 el Butter • 300 g saure Sahne • Salz • Pfeffer • Essig • 4 el gehackter Dill

Kräuterquark

250 g Quark (40% Fett) • 200 g Sahne • 4 gehäufte el gehackte, gemischte Kräuter (Peterrsilie, Schnittlauch, Zitronenmelisse, Pimpernell etc.) • 1 zerdrückte Knoblauchzehe • Salz • Pfeffer

Bohnen in Salzwasser gar kochen, abseihen, in Butter schwenken und warm stellen.
Zwiebel in Butter dünsten, saure Sahne dazugeben, Salz, Pfeffer, etwas Essig und den gehackten Dill unterrühren. Bei ganz schwacher Hitze wärmen.
Für den Kräuterquark alle Zutaten zu einer cremigen Masse verrühren. Kartoffeln und grüne Bohnen mit der Dillsauce überziehen, Quark neben die Kartoffeln dressieren.

Biskuitrolle mit Himbeersahne

4 grosse Eier • 3 el Honig • 3 el kaltes Wasser • 150 g feingemahlener Dinkel • 1 tl Backpulver • 1 Prise Salz • abgeriebene Schale von einer Zitrone

Füllung

200 g Himbeeren • 2 el Honig • 1 tl Vanille • 200 g kalte Sahne

Eier trennen, Eigelbe mit Honig und Wasser schaumig rühren. Mehl mit Backpulver, einer Prise Salz und Zitronenschale vermischt unter die Masse rühren. Eiweiß schnittfest schlagen und vorsichtig unterheben. Backblech mit Wasser benetzen, Backpapier darauflegen und den Teig gleichmäßig auf das Papier streichen. Bei 180° im vorgeheizten Backofen ca. 7–10 Minuten backen. Sofort auf ein feuchtes Küchentuch stürzen, das Backpapier mit kaltem Wasser bestreichen und abziehen. Die Biskuit-Platte mit dem feuchten Küchentuch einrollen. Während des Abkühlens noch ein- bis zweimal die Rolle öffnen, abdampfen lassen und wieder einrollen. Für die Füllung die Himbeeren (einige zum Verzieren zurückbehalten) mit Honig und Vanille grob pürieren sowie mit der Hälfte der sehr steif geschlagenen Sahne verrühren. Biskuit aufrollen, mit der Himbeersahne füllen und wieder zusammenrollen. Kurz vor dem Servieren den Rest der Sahne auf die Rolle streichen oder spritzen und mit den restlichen Beeren verzieren.

Menü

Brunnenkressesalat mit Himbeerdressing
Auberginenröllchen mit Kräuterquark auf Tomatensauce
Gemüseplatte mit 3 Saucen
Bananeneis mit Himbeeren

von Devanando Weise

Brunnenkressesalat mit Himbeerdressing

1 Bund Brunnenkresse • 1 Bund Radieschen • 2 Stangen Stangensellerie • 100 g Walnüsse • 100 ml Walnussöl • 25 ml Himbeeressig • 1 TL Honig • Pfeffer • Salz

Die großen Stiele der Brunnenkresse entfernen. Radieschen und Stangensellerie in dünne Scheiben schneiden. Walnüsse grob hacken. Aus Öl, Essig, Honig, Pfeffer und Salz eine Marinade mischen, diese über die Salatzutaten gießen.

Auberginenröllchen mit Kräuterquark auf Tomatensauce

2 mittelgrosse Auberginen • Olivenöl • je ½ Bund Schnittlauch, Petersilie, Dill und Basilikum • 150 g Sahnequark • Salz • Pfeffer

Tomatensauce

1 Zwiebel • 50 g Butter • 1 TL gekörnte Gemüsebrühe • 125 g Sahne • Salz • Pfeffer • 500 g enthäutete Tomaten • 1 Bund Basilikum

Auberginen in ca. 7 mm dicke Scheiben schneiden und mit Olivenöl bestrichen auf einem Backblech im Ofen bei 190° garen. Schnittlauch, Petersilie und Dill fein hacken, mit dem Quark verrühren und mit Pfeffer und Salz würzen. Die Auberginenscheiben mit dem Kräuterquark bestreichen und aufrollen. Mit Basilikumblättern dekorieren und auf einer Tomatensauce servieren. Dazu die feingeschnittenen Zwiebeln in der Butter dünsten, Sahne und gekörnte Gemüsebrühe hinzufügen, Salz und Pfeffer hinzufügen. Wenn die Sauce kocht, vom Herd nehmen und die feingeschnittenen Tomaten und das feingehackte Basilikum dazugeben. Die Sauce pürieren.

Gemüseplatte mit 3 Saucen

ganz junge gedünstete Möhren • gedünstete Brokkoliröschen • frisch gekochte Artischocken • gedünstete breite, grüne Bohnen • gekochter Spargel • auf dem Blech im Ofen gegarte Egerlinge und Tomaten

Tomatensauce

die der Vorspeise, allerdings unpüriert

Meerrettich-Sahne-Schaum

50 ml geriebenen Meerrettich mit 1 El Zitronensaft, 1 Tl Honig und je 1 Messerspitze Salz und gemahlenem Fenchelsamen vermischen. 100 g geschlagene Sahne mit dem Meerettich vermischen. Wer möchte kann ⅓ des Meerrettich-Sahne-Schaums mit 1–2 El Rote-Bete-Saft einfärben und ⅓ mit Spinatsaft.

Kapern-Oliven-Sauce

8 schwarze Oliven, 2 El Kapern und 2 El frische Pfefferminze hacken und mit 200 g Joghurt mischen. Mit Salz, Pfeffer und Zitronensaft abschmecken.

Bananeneis mit Himbeeren

2–3 Bananen in Stückchen schneiden und einfrieren. Die gefrorenen Stückchen pürieren und mit etwas Sahne vermischen. Sofort servieren. Dazu eine Sauce aus pürierten Himbeeren mit etwas Himbeergeist und sehr wenig Honig gesüßt servieren.

Menü

Vorspeisenteller
Pilzschnitzerl mit grüner Sauce
Streuselkuchen mit Johannisbeeren

Vorspeisenteller

½ Kopfsalat • ½ in Scheiben geschnittene Gurke • 4 Tomaten • 2 Birnen • 125 g Hüttenkäse • 1 EL Sahne • ½ kleingehackte Zwiebel • Kräutersalz oder Streuwürze

Wurzelsalat

1 Möhre • ½ Knollensellerie • 1 Petersilienwurzel • 1 Apfel • 100 g saure Sahne • Zitronensaft • Pfeffer • Salz

Auf 4 Teller jeweils Salatblätter legen. Darauf Tomaten- und Gurkenscheiben anordnen. Die Birnen halbieren. Hüttenkäse mit Sahne, Zwiebeln und Kräutersalz cremig rühren und die Birnenhälften damit füllen. Jeweils 1 Birnenhälfte auf einen Teller setzen.
Das Wurzelgemüse raspeln, ebenfalls auf den Teller dekorieren und mit einem Dressing aus saurer Sahne, Zitronensaft, Pfeffer und Kräutersalz bzw. Streuwürze servieren.
Wer möchte kann noch Reiscracker mit einem Stückchen Brie, 1 Apfelspalte und 1 Weintraube belegen und dazu reichen.

Pilzschnitzerl mit grüner Sauce

1 kleingeschnittene Zwiebel • 400 g in Scheibchen geschnittene Champignons • 100 g Pilze (Pfifferlinge, Steinpilze, Austernpilze oder alle gemischt) • ⅛ l Milch • 2 Eier • Kräutersalz • Muskat • Sojasauce • Majoran • 1 Tasse feingemahlener Dinkel • 1 EL Bulgur • ½ Stange feingeschnittener Lauch • 2 Frühlingszwiebeln

Sauce

1 Tasse blanchierte Brennesselspitzen • 1 EL gehackte Petersilie • Kräutersalz • Bierhefeflocken • 100 g Joghurt • 100 g saure Sahne

Die Zwiebel ohne Fett anrösten, Champignons und anderen Pilze dazugeben, dünsten und die austretende Flüssigkeit abgießen. Die Milch mit den Eiern, Kräutersalz, Muskat, Sojasauce und Majoran verrühren. Dinkelmehl und Bulgur darunterrühren und 30 Minuten ruhen lassen. Dann Lauch, Frühlingszwiebeln und gedünstete Pilze locker unter die Masse heben. Daraus kleine Schnitzerl formen und im heißen Öl von beiden Seiten goldbraun braten.
Für die Sauce alle oben angegebenen Zutaten miteinander verrühren.

Streuselkuchen mit Johannisbeeren

250 g Butter • 500 g feingemahlener Weizen • 100 g grobgeriebene Mandeln • 200 g Blütenhonig • 1 TL Backpulver • 1 Prise Salz • 1 Ei • jeweils 400 g rote und 400 g schwarze Johannisbeeren

Aus Butter, Mehl, Mandeln, Honig, Backpulver, Salz und Ei Streusel bereiten. ¾ der Streusel auf ein gefettetes Blech geben, die gewaschenen und entstielten Johannisbeeren darüberstreuen und die übrigen Streusel darauf verteilen. Den Kuchen etwa 30 Minuten bei 200° backen. Anstelle von Johannisbeeren kann man auch Stachelbeeren, Aprikosen oder Zwetschgen verwenden.

»UND WENN WIR FÜNF JAHRE ALT SIND, DÜRFEN WIR FASTEN WIE DIE ERWACHSENEN.«

Diesen erstaunlichen Ausspruch tat ein kleiner Junge, der 10 Jahre alte Daniel, eins der 12 Enkelkinder von Helga und Adi Kandler.

Adi, Helga und die ganze Verwandtschaft gehören der Religion der Mormonen an. Ich muß sagen, daß ich noch nie so viele Menschen getroffen habe, die Christentum wirklich leben, wie unter dieser Glaubensgemeinschaft. Nicht nur wird tatsächlich der Zehnte des Verdienstes abgegeben, sondern jeder erste Sonntag im Monat ist Fast-Tag; das Geld, das an Nahrungsmitteln eingespart wird, kommt armen Menschen zugute. Für den Daniel ist dies Opfer eine Selbstverständlichkeit, er ist stolz darauf, daß er bereits mittun darf. Ebenso selbstverständlich ist es für ihn und seine Geschwister, der Oma in der Küche zu helfen.

Was für liebe Menschen! Adi ist Spengler- und Dachdeckermeister, seine Frau Helga, Autodidaktin der Vollwertküche, unterrichtet in der Salzburger Schule für Gesundheitstraining, gibt Kochkurse, hat ein hervorragendes Kochbuch verfaßt, nebenbei das erste Salzburger Vollwertrestaurant eröffnet, das heute von ihren Kindern und Schwiegerkindern geführt wird und leitet auch noch das Vollwertrestaurant in meinem Seminarhaus. Eine unglaubliche Person!

Helga und Adi – seit 30 Jahren verheiratet, und immer noch glücklich. Beide haben, wie das meistens der Fall ist, über Krankheit und Leid zur Vollwerternährung gefunden. Helga kocht am liebsten für mehr als 100 Personen. Auf Messen ist sie in ihrem Element. Als am 7. April 1989 mein Seminarzentrum eröffnet wurde und sage und schreibe tausend Besucher durchs Haus strömten, stand Helga von morgens bis abends in der Küche, Grünkernlaibchen brutzelnd und Dinkelsuppe kochend, wie ein Fels in der Brandung, nie aus der Ruhe zu bringen. Weder Helga noch Adi rühren eine Kaffeebohne, oder ein Blättchen schwarzen Tees, geschweige denn einen Tropfen Alkohol an – aber mir servierte sie zu einem üppigen Mahl ein Glas Rotwein.

Ob sie mit diesem In-sich-Ruhen auf die Welt gekommen sei, ob sie ihre Gelassenheit sozusagen gepachtet habe, wollte ich von ihr wissen. Sie lacht. Und erklärt, wie sie unermüdlich an sich arbeitet. Eigentlich sei sie nämlich eine Glucke, und als ihre Töchter heirateten, wollte sie die drei einfach nicht hergeben, wollte sie die Mädchen nicht loslassen. Das hat sie inzwischen fleißig geübt, das Loslassen. Sie hat akzeptiert, daß jede Familie für sich lebt, aber alle Mitglieder sich in der Großfamilie verbunden fühlen, man sich zu den Familienfesten trifft und immer füreinander da ist. Nach dem Rezept für ihre glückliche Ehe befragt, meint sie: zuerst kommt der Mann – und dann die Kinder. Ihre Lebensmaxime lautet: Schwierigkeiten mit Mut begegnen – Enttäuschung mit Frohsinn – und Triumph mit Demut. Und als ich einmal eine schwere seelische Krise durchmachte, haben Helga und Adi, obwohl wir uns damals noch kaum kannten, jeden Abend für mich gebetet.

Helga hat das beste Strudelrezept von uns allen. Sie nimmt nämlich nicht Öl, sondern süße Sahne. Probieren Sie es mal! Das Rezept dazu finden Sie auf Seite 84. Kann sowohl für süße wie für salzige Strudel verwendet werden. Aus ihrem Kochbuch »ABC der Vollwertküche« steuert sie Menüs für alle Jahreszeiten bei.

Menü

Radieschenrohkost
Fenchelcremesuppe mit Mandelsplittern
Gemüsetarte
Hirse-Marillen-Auflauf

von Helga Kandler

Radieschenrohkost

2 Radieschen • 1 kleiner Kopfsalat • 1 Eichblattsalat • 4 EL Mais • 1/8 l Sauermilch

Mayonnaise

2 Eigelb • 1 EL süßer Senf • Distelöl nach Bedarf • 1 EL Tomatenmark • 1 EL Sojasauce • 1 TL Salz • Saft von 1/2 Zitrone • 1 Prise Pfeffer

Radieschen blättrig schneiden, mit dem zerzupften Salat mischen. Für die Mayonnaise Eigelbe und Senf verrühren, das Distelöl tropfenweise dazugeben, bis eine feste Masse entstanden ist. Die Gewürze unterziehen. 2–3 Eßlöffel Mayonnaise mit der Sauermilch verquirlen, den Mais zugeben und alles über den Salat gießen. Man kann die restliche Mayonnaise in einem gut verschlossenen Einmachglas im Kühlschrank längere Zeit aufbewahren.

Fenchelcremesuppe mit Mandelsplittern

1 große gehackte Zwiebel • 1 l Gemüsebrühe • 1 großer Fenchel, in Scheiben geschnitten • 2 große Kartoffeln, in Scheiben geschnitten • schwarzer Pfeffer • gemahlener Koriander • 100 g geschlagene Sahne • 2 EL goldgelb geröstete Mandelsplitter

Zwiebel ohne Fett anrösten, mit Suppe aufgießen, Fenchel und Kartoffeln zugeben und alles weichkochen. Mit dem Mixstab pürieren, mit Pfeffer und Koriander würzen. Mit Sahnehäubchen und Mandelsplittern servieren.

Gemüsetarte

250 g gemahlener Dinkel • 125 g Butter • 2 Eigelb • 1/2 TL Salz • 2 EL kaltes Wasser • 350 g leicht gedünstete Möhren • 600 g leicht gedünsteten Lauch und Zwiebeln • 400 g blanchierter Brokkoli • 100 g feingeriebener Käse

Guss

125 g Sahne • 2 EL Olivenöl • 2 Eier • 200 g Crème fraîche • 1 EL frisch gemahlener Parmesan • 200 g Käsewürfel • Pfeffer • Kräutersalz

Mehl, Butter, Eigelbe, Salz und Wasser schnell zu einem Teig verarbeiten und 30 Minuten kalt stellen. Durchkneten und eine geölte Tarte- oder Springform damit auslegen. Teig mit einer Gabel mehrmals einstechen und 15 Minuten im vorgeheizten Backofen bei 220° vorbacken. Gemüse darauf verteilen, darüber den gut verrührten Guß geben. Den Käse darüberstreuen. Auf unterster Schiene bei 180° 20–30 Minuten backen.

Hirse-Aprikosen-Auflauf

1/2 l Milch • 1 Prise Salz • 1 Vanilleschote • 200 g Hirse • 100 g Butter • 3 Eier • 3–4 EL Honig • abgeriebene Schale von 1/2 Zitrone • 250 g Quark • 250 g Aprikosenspalten • 4 EL Mandelblättchen • 20 g Butterflocken

Milch mit Salz und der aufgeschlitzten Vanilleschote aufkochen. Hirse dazugeben und etwa 40 Minuten bei ganz schwacher Hitze quellen lassen. Butter, Eier und Honig schaumig rühren, Zitronenschale und Quark zufügen und mit der Hirse vermischen. Die Hälfte der Masse in eine Auflaufform geben, die Aprikosen darauf verteilen, den restlichen Hirsebrei auf die Aprikosenspalten streichen. Mit Mandelblättchen und Butterflocken bestreuen und bei 200° ca. 30–40 Minuten backen.

ERLESENES VON CHRISTL UND GABI KURZ

In diesem Menükochbuch finden Sie für jede Jahreszeit ein Menü von Christl und Gabi Kurz. Diese beiden Namen stehen für allerhöchste Qualität auf dem Vollwertsektor. Mutter und Tochter führen das biologische Kurhotel in Bischofswiesen, im herrlichen Berchtesgadener Land (Adresse Seite 138).
»Vollwertkost, wie wir sie verstehen, erfordert eine Sorgfalt, die keine Kompromisse zuläßt, und eine Phantasie, die dem Genußbedürfnis, das ebenfalls eine natürliche und positive Gabe ist, entgegenkommt. Was wir anstreben, und doch sicherlich mit unseren Menüs erreichen, das ist die kulinarische Freude am Essen, ohne dem Körper oder der Gesamtkonstitution Schädigungen zuzufügen.« So Christl Kurz in einem Interview.
Besucher/innen meiner Backkurse haben alle »Christls Zauberteig« kennengelernt, ein fabelhaftes, einfaches Rezept für Semmeln, Brote und Kuchenböden aus Weizen.

Christls Zauberteig

600 g Weizenmehl • 350 ml lauwarmes Wasser • 1 Würfel frische Hefe • 1 EL Honig • 1 TL Meersalz • 60 g geschmolzene Butter

Mehl in eine Schüssel geben. Hefe in Wasser mit Salz und Honig auflösen. Mit dem Mehl vermischen und den Teig 10 Minuten kräftig kneten, bis er Blasen wirft und sich vom Schüsselrand löst. Teig 15 Minuten zugedeckt ruhen lassen, dann die Butter zugeben und nochmals kurz durchkneten. Je nach Belieben formen. Im vorgeheizten Ofen bei 200° ca. 20–30 Minuten backen.
Christl schüttet einfach alle Zutaten wie sie sind, ob kalt oder warm, in die Küchenmaschine, stellt den Knethaken an – nach 10–15 Minuten hat sie den plustrigsten, zartesten Hefeteig.

Christl und Gabi sind in der Vollwert-Feinschmeckerszene so berühmt, daß sie sogar vom Küchenchef des Münchner City Hilton eingeladen wurden, ihm während einer Vollwertkost-Woche tatkräftig unter die Arme zu greifen. Münchner Medizinstudenten finden sich in Bischofswiesen zu regelmäßigen Symposien zum Thema gesunde Ernährung ein. Höchst erfreulich, wurde doch gerade die Ausbildung der Ärzte bisher in diesem Punkt sträflich vernachlässigt. »Über diesen Weg könnte auch die meist fatale Krankenkost in den Kliniken positiv beeinflußt werden«, meint Christl Kurz.
Erfolge kann sie auch in der nahe gelegenen Schule »vor Ort« buchen. Dort kümmert sie sich um das Pausenbrot der Schüler, das häufig alles andere als gesund und bekömmtlich zusammengestellt ist.
Man kann bei Christl und Gabi Kurz einen kulinarischen Traumurlaub verbringen, Semniare zu allen Themen ganzheitlicher Lebensweise buchen, Koch- und Backkurse besuchen und auch fasten – was aber eigentlich ein Jammer wäre angesichts der Feinschmeckergerichte dieser Gourmet-Küche. Wer einfach zum Essen vorbeikommen möchte, sollte sich anmelden, denn alles wird selbstverständlich frisch zubereitet. Für Eilige bietet das Restaurant montags bis freitags zwischen 12 und 14 Uhr ein kleines schnelles Menü von drei Gängen an – »wobei wir garantieren, daß der Gast sich nicht länger als höchstens eine Stunde im Restaurant aufzuhalten braucht – in etwa die Zeit, die der Berufstätige als Mittagspause hat«, versprechen die beiden immer gutgelaunten und noch dazu sehr hübsch anzuschauenden Vollwertkostspezialistinnen.

Menü

Cremesuppe von weissem Spargel und Aprikosen
Nudeln mit Artischocken-Möhren-Gemüse
Hippen mit Pfirsichsorbet

von Christl und Gabi Kurz

Cremesuppe von weißem Spargel und Aprikosen

250 g weisser Spargel • ½ l Wasser • 1 TL Butter • ½ TL Kleehonig • ¼ l Milch • 2 EL gesiebtes Dinkelmehl • 2 reife, aromatische Aprikosen • Vollmeersalz • weisser Pfeffer aus der Mühle • 125 g geschlagene Sahne

Spargel schälen, die Spitzen abschneiden und aufheben. Aus den Schalen mit dem Wasser, Butter, Honig eine Spargelbrühe kochen, durchsieben. Den Spargel ohne Spitzen in der Brühe weichkochen, pürieren und passieren, Milch dazugeben und mit Dinkelmehl leicht binden. Spargelspitzen kurz separat über Dampf garen. Die Aprikosen in Spalten schneiden. Die Brühe mit Meersalz und Pfeffer abschmecken. Spargel und Aprikosen zufügen, Sahne unterziehen.

Nudeln mit Artischocken-Möhren-Gemüse

Nudelteig

2 ganze Eier • 2 Eigelb • 100 g feingemahlener Dinkel • 100 g feingemahlener Hartweizen • 1 Prise Salz • 1 Schuss Olivenöl

Gemüse

4 grosse Artischocken • Saft und mit dem Julienne-Reisser abgezogene Schale von 2 unbehandelten Zitronen • 500 g Möhren • 400 g Zwiebeln • 6 EL Olivenöl • 2 Lorbeerblätter • 2 Tassen Gemüsefond • 2 Tassen Weisswein • 1 Knoblauchzehe • 4 Zweige Thymian • 2 Lorbeerblätter • Kräutersalz • weisser Pfeffer aus der Mühle • Honig • 2 TL Pfeilwurzmehl

Aus Eiern, Eigelben, Mehl, Salz und Öl einen festen Teig kneten, in Klarsichtfolie wickeln und 30 Minuten ruhen lassen. Inzwischen das Gemüse vorbereiten. Artischockenböden auslösen, Heu entfernen. Artischockenböden in schmale Ecken schneiden und sofort mit Zitronensaft beträufeln. Möhren in Scheiben, Zwiebeln in große Würfel schneiden. Im Olivenöl die Zwiebeln glasig dünsten, Artischocken und Möhren zufügen und mit 2 Lorbeerblättern kurz mitbraten. Gemüsefond und Weißwein dazugießen. Knoblauchzehe in Scheiben schneiden, in ein Leinensäckchen verschließen und mitgaren – später entfernen. Thymianzweige zugeben und das Gemüse bei geschlossenem Topf und schwacher Hitze ca. 25 Minuten bißfest garen. Mit Kräutersalz und Pfeffer würzen, mit etwas Honig und Zitronenschale abschmecken und mit in wenig Wasser angerührtem Pfeilwurzmehl andicken. Den Nudelteig millimeterdünn ausrollen und in 1 cm breite Streifen schneiden. In sprudelndem Salzwasser, mit etwas Öl, etwa 4 Minuten bißfest kochen. Kalt abschrecken und in zerlassener Butter und etwas Kräutersalz wenden, dann mit dem Gemüse anrichten.

Hippen mit Pfirsichsorbet

1 kg weisse Pfirsiche • ca. 200 g Kleehonig • 1 Messerspitze Vanille • 1 Schuss Pfirsichlikör

Pfirsiche entsteinen und mit den restlichen Zutaten pürieren, 30–45 Minuten in die Sorbetmaschine geben oder 2–3 Stunden in die Tiefkühltruhe stellen. Man muß dann alle 30 Minuten mit dem Schneebesen umrühren.

Hippen

⅔ Tasse Kleehonig • ½ Tasse geschmolzene Butter • ¾ Tasse gesiebtes Dinkelmehl • 4 Eiweiss

Alle Zutaten gut verrühren und 2 Stunden kühl stellen. Backofen auf 200° vorheizen. Backbleche einfetten. Die Masse mit einem Eßlöffel auf das Backblech tropfen lassen, mit einem breiten Messer gleichmäßig dünn zu 10–12 cm Durchmesser verstreichen, ca. 5–6 Minuten hellbraun backen – in der Mitte dürfen sie deutlich heller sein. Noch heiß mit der Palette abnehmen und in Tassen zur Tulpenform erstarren lassen.

Menü

Fruchtrohkost auf grünem Salat
Kräuter-Topfen-Nockerln auf Tomatensauce
Dänische rote Grütze mit Sahne

Fruchtrohkost auf grünem Salat

1 kleiner Kopfsalat • 1 kleiner Friséesalat • 4 kleine Äpfel (Klar) • 200 g Herzkirschen • 200 g Erdbeeren • 200 g rote Johannisbeeren • 4 reife Aprikosen

Dressing

250 g cremig geschlagene Sahne • 1 TL Honig • 1 EL Zitronensaft • 1 Prise Salz • 1 Prise Curry • 1 Prise Pfeffer

Die Salatblätter auf 4 Tellern anrichten, die Früchte in gefälligen Stücken darüberstreuen. Für das Dressing die Zutaten cremig verrühren und über den Salat gießen.

Kräuter-Topfen-Nockerln auf Tomatensauce

500 g Quark (Topfen) • 3 EL Vollkorngriess • 3 EL Vollkornbrösel • 3 EL Mehl (Dinkel oder Weizen) • 2 Eigelb • Salz • Pfeffer • 1 durchgepresste Knoblauchzehe • Muskat • 3 EL gemischte, gehackte Kräuter • 2 steifgeschlagene Eiweiss

Tomatensauce

500 g geschälte Tomaten • 4 EL Tomatenpüree • 1/4 l Gemüsebrühe • Salz • Pfeffer • 1 EL Honig • 1 EL Sojasauce • 2 EL Butter • zum Bestreuen 50 g geraspelten Käse • 2 EL gehackte Petersilie

Für den Nockerlteig die angegebenen Zutaten bis auf den Eischnee vermischen und schaumig rühren; zum Schluß den Eischnee unterziehen. In einem großen Topf Salzwasser zum Kochen bringen, mit einem Löffel Nockerln abstechen und in das sprudelnd kochende Wasser geben. Bei schwacher Hitze ohne Deckel 10–15 Minuten garziehen lassen. Die Nockerln sind gar, wenn sie an der Oberfläche schwimmen. Dann gleich herausnehmen. Während der Garzeit die Sauce zubereiten. Dazu alle Zutaten vermischen, erwärmen, mit einem Stabmixer zerkleinern und abschmecken. Die Nockerln auf der Sauce anrichten, mit Käsespänen und Petersilie bestreuen.

Dänische Rote Grütze mit Sahne

(Die unaussprechliche »röd gröd med flöde« – wobei alle »d's«, ähnlich wie das englische »th« ausgesprochen werden, nur noch weicher!)

1 kg gemischte Beeren (z. B. Himbeeren, Johannisbeeren, Erdbeeren oder entsteinte Kirschen) • 1 l Fruchtsaft (z. B. Holundersaft) • 2 Päckchen Agar-Agar • Honig nach Geschmack • 1/2 TL Vanille • Sahne zum Servieren

Beeren waschen und putzen, große eventuell teilen und in eine Schüssel geben. Fruchtsaft mit Agar-Agar erhitzen (Verpackungshinweis beachten). Die Früchte mit Honig und Vanille vermischen und Agar-Agar-Flüssigkeit darübergießen. Die Grütze erstarren lassen. Mit flüssiger Sahne servieren.

Feinere Variante

Die ganze Sache schichten: Eine Lage mit Honig gesüßte und mit Vanille abgeschmeckte Früchte in die mit kaltem Wasser ausgespülte Glasschüssel geben, Agar-Agar-Flüssigkeit drübergießen,in den Kühlschrank stellen, bis die Lage fest ist (restliche Agar-Agar-Flüssigkeit warmhalten). Nun die nächste Lage Früchte in die Schüssel geben, wieder eine Schicht Agar-Agar drübergeben und so weiter, bis Früchte und Agar-Agar aufgebraucht sind. Im Kühlschrank erstarren lassen. Vor dem Servieren die Form kurz in warmes Wasser stellen und stürzen.

Menü

Spinat-Champignon-Salat
Kalte Tomatensuppe (Gazpacho)
Gefüllte Zwiebeln
Griechische Feigen in Weisswein mit Schlagsahne

Beliebte Klassiker
aus »Mein Kochbuch« hier als Menü

Spinat-Champignon-Salat nach Katja Wittlich

500 g ganz junge Spinatblätter • 500 g zarte Champignons • 2 EL Zitronensaft • 1 Zwiebel • 2–3 EL Sonnenblumenöl • Kräutersalz • Pfeffer

Spinatblätter waschen und gut abtropfen lassen. Champignons in dünne Scheiben schneiden. Spinat auf einer Platte anrichten, die Champignonscheiben darübergeben und sofort mit 1 Eßlöffel Zitronensaft beträufeln. Zwiebel würfeln und im Öl andünsten. Vom Herd nehmen und mit dem restlichen Zitronensaft, Salz und Pfeffer würzen. Die Mischung über Spinat und Pilze gießen. Katja nimmt statt Öl in der Pfanne ausgelassenen Frühstücksspeck und gießt das heiße Fett mitsamt den knusprigen Speckscheiben über die Spinatblätter und Pilzscheiben. Ich habe ihr Rezept für die vegetarische Küche abgewandelt.

Kalte Tomatensuppe
(Gazpacho)

6 Tomaten • 1 Paprikaschote • ½ Salatgurke • 1 Zwiebel • Kräutersalz • Pfeffer • Knoblauch • Tabasco • 6 EL Sonnenblumenöl • 3 EL Obstessig • 500 g Joghurt oder saure Milch • Schnittlauch • Petersilie

Tomaten, Paprikaschote, Gurke und Zwiebel in Scheiben bzw. Streifen schneiden. Mit Kräutersalz, Pfeffer, Knoblauch und Tabasco abschmecken. Öl und Obstessig dazugeben. 1 Stunde kalt stellen. Vor dem Servieren Joghurt oder saure Milch zugeben. Mit feingehacktem Schnittlauch und Petersilie bestreuen. Mit Knoblauch-Croûtons servieren.

Gefüllte Zwiebeln

8 grosse Zwiebeln • ½–1 l Gemüsebrühe • 125 g fertiger Gemüsereis oder 125 g gedünstete Pilze • 4 EL geriebener Käse • 2 Eier • 1 Handvoll gehackte Kräuter

Ausserdem
2 EL Öl oder Butter • 125 g saure Sahne

Zwiebeln in der Brühe in 10 Minuten halb gar dünsten, einen Deckel abschneiden und die Zwiebeln aushöhlen. Die Füllung aus den angegebenen Zutaten zubereiten, in die Zwiebeln geben und in eine gut gefettete, feuerfeste Form setzen. Butter oder Öl zugießen und 30 Minuten im vorgeheizten Ofen bei 200° backen. Zum Schluß die Sahne kurz mitkochen. Dazu Tomaten- oder Kapernsauce und Kartoffelpüree oder Hirsebrei servieren.

Griechische Feigen in Weißwein mit Schlagsahne

12 getrocknete Feigen • ¼ l Weiss- oder Rotwein • abgeriebene Schale von 1 unbehandelten Zitrone • 125 g Sahne • 1 TL Honig • Haselnüsse

Die gewaschenen Feigen in dem Wein mit der Zitronenschale 5–10 Minuten leise köcheln, dann abkühlen lassen. Feigen in kleine Stücke schneiden. In Gläser füllen. Sahne mit Honig steifschlagen. Je ein Häubchen Schlagsahne auf die Feigen setzen. Mit ganzen oder gehackten Nüssen verzieren. Sehr verdauungsfördernd!

Menü

Fenchelsalat mit Paprika, Tomaten und Orangen
Gemüsepastete
Auberginenpfanne
Sommertorte mit Pfirsichen

Fenchelsalat mit Paprika, Tomaten und Orangen

3 Fenchelknollen • 1 Paprikaschote • 4 Tomaten • 1 Orange • 12 Oliven • 2 EL Öl • 1 EL Zitronensaft • Kräutersalz • Pfeffer • Paprika • 1 Tropfen Honig • 125 g saure Sahne

Fenchelknollen putzen und in Scheiben schneiden. Paprika entkernen, auch in Scheiben schneiden, Tomaten in Achtel, Orange in Scheiben, alles miteinander mischen, Oliven dazugeben.
Eine Sauce aus Öl, Zitronensaft, Kräutersalz, Pfeffer, Paprika, Honig und Sahne darübergießen.

Gemüsepastete

2 Köpfe Salat oder die entsprechende Menge Mangoldblätter • 500 g Möhren • 1/4 l Weisswein • Kräutersalz • 4 EL Zitronensaft • 1 grosse Salatgurke • 3 Bund Radieschen • 1 grosser Blumenkohl • Agar-Agar für 0,6 l Brühe • Pfeffer • je 2 Bund feingeschnittener Schnittlauch und Dill • 250 g steifgeschlagene Sahne

Salat- oder Mangoldblätter kurz blanchieren. Eine Kastenform leicht einölen und mit den abgetropften Blättern auskleiden (die Blätter müssen überhängen, weil sie später übergeschlagen werden).
Die sauber geputzten Möhren in Weißwein mit Salz und 3 Eßlöffeln vom Zitronensaft knackig kochen. Im Kochwasser abkühlen lassen. Die geschälte Gurke längs vierteln, die Kerne herauskratzen, abtropfen lassen. Radieschen putzen. Blumenkohl in Röschen teilen und weichkochen, anschließend pürieren. Blumenkohlpüree mit heißer Brühe und Agar-Agar mischen, mit dem restlichen Zitronensaft, Kräutersalz und Pfeffer herzhaft abschmecken, abkühlen lassen. Kurz vor dem Festwerden Kräuter und Sahne unterziehen. Erst den Boden mit Blumenkohlmasse bestreichen. Abwechselnd Möhren, Gurkenviertel, Radieschen in die Form schichten und zwischen die Gemüse immer die Blumenkohlmasse füllen. Den Abschluß soll Blumenkohlmasse bilden. Die überhängenden Salatblätter über der Pastete schließen. Pastete 6 Stunden kaltstellen. Dazu eine Knoblauchsauce reichen.

Auberginenpfanne

2 mittelgrosse Auberginen • Zitronensaft • 250 g Champignons • 250 g halbweich gedünsteter Reis • Minzeblätter • Oregano • Dill • Petersilie • Knoblauch • Kräutersalz • Pfeffer • 2–3 EL Olivenöl • 100 g geriebener Parmesan

Auberginen würfeln, mit Zitronensaft beträufeln. Champignons blättrig schneiden, ebenfalls mit Zitronensaft beträufeln. Auberginenwürfel, Champignonscheiben und Reis mischen, die gehackten Kräuter und den durch die Presse gedrückten Knoblauch zugeben. Mit Kräutersalz und Pfeffer abschmecken, das Öl unterrühren. In eine tiefe gebutterte Pfanne geben und ½ Stunde auf kleiner Flamme dünsten. Parmesan daruntermischen und darüberstreuen.

Sommertorte mit Pfirsichen

4 grosse Pfirsiche • 1 Zitrone • 200 g Butter • 3 EL Honig • 3 EL gehackte Mandeln • ½ TL Zimt • ½ TL Naturvanille • 2 Eigelb • 2 TL Backpulver • 2 Prisen Meersalz • 200 g Weizenmehl • 4 EL Wasser • 2 Eiweiss

Pfirsiche halbieren und mit Zitronensaft beträufeln. In einer viereckigen Kuchenform 3 EL Butter schmelzen, 1 EL des erwärmten Honigs und die gehackten Mandeln gleichmäßig darüber verteilen. Pfirsichhälften mit der Schnittfläche darauflegen, die restliche Butter schaumig rühren, nach und nach die übrigen Zutaten bis auf das Eiweiß unterrühren. Zum Schluß steifgeschlagenes Eiweiß unterziehen. Teig über die Pfirsiche füllen. Bei 180° etwa 30 Minuten backen. In der die Pfirsiche füllen. Bei 180° etwa 30 Minuten backen. In der Form 15 Minuten abkühlen lassen, dann stürzen.

Menü

Tabbouleh
Möhrenquiche mit sautierten Sommergemüsen
Mohnparfait

Tabbouleh

½ Tasse feiner Bulgur (Weizenschrot) • 375 g gehackte Tomaten • 1 Tasse gehackte Petersilie • 1 Tasse feingehackte Zwiebeln • ⅓ Tasse Zitronensaft • ⅓ Tasse Olivenöl • 2 EL feingehackte Minze • 2 TL Salz • große Salatblätter zum Dekorieren

Bulgur mit kaltem Wasser bedeckt etwa 40 Minuten einweichen. Auf einem Sieb kräftig ausdrücken, in einer tiefen Schüssel mit Tomaten, Petersilie, Zwiebeln, Zitronensaft und Salz vorsichtig aber gründlich vermengen. Kurz vor dem Servieren mit Öl und Minze mischen. Auf den Salatblättern anrichten.

Möhrenquiche mit sautierten Sommergemüsen

250 g Dinkelmehl • 150 g Butter • 1 TL Salz • kaltes Wasser • 800 g Möhren • 250 g Lauch • 1 EL Butter • 200 g Joghurt • 200 g Crème fraîche • 1 Ei • 1 Bund Petersilie • 1 TL Kümmel • 1 TL Honig • Salz • Pfeffer

Mehl, Butter, Salz mit etwas kaltem Wasser schnell zu einem Mürbeteig kneten. 30 Minuten kalt stellen. Gemüse in Scheiben schneiden, in Butter dünsten und alle restlichen Zutaten unterrühren. Den Teig in eine gefettete Pie- oder Springform drücken, mit einer Gabel einstechen und bei 200° 15 Minuten vorbacken. Das Gemüse darauf verteilen und weitere 30 Minuten backen. Dazu reiche ich sautiertes Sommergemüse, wie z. B. grüne Bohnen, Zuckerschoten, kleine Zwiebeln, Blumenkohl, Zucchini usw.

Mohnparfait

250 g Sahne • 3 EL gemahlener Mohn • 1 EL feingemahlene Mandeln • 2 EL Blütenhonig • 1 EL Zitronensaft • abgeriebene Schale einer unbehandelten Zitrone • evtl. 1 EL Rum, Orangen- oder Aprikosenlikör

Sahne steifschlagen. Alle anderen Zutaten mischen und unter die geschlagene Sahne ziehen. In 4 kalt ausgespülte Timbaleförmchen oder eine Kastenform füllen und ca. 2–3 Stunden einfrieren. Ca. 10–15 Minuten vor dem Servieren aus dem Kühlfach nehmen, dann stürzen. Mit Honigsahne und Erdbeeren oder anderen sommerlichen Früchten verzieren.

»Die Nahrung ist ein Liebesbrief, den uns der Schöpfer schreibt und den wir entziffern müssen…, den Brief des Schöpfers aber wirft man in den Papierkorb, er ist es nicht Wert gelesen zu werden. Der Mensch ist der letzte, der sich damit aufhält, diese Botschaft zu entziffern. Die Tiere sind da viel aufmerksamer als er. Ja, zum Beispiel lesen Ochsen und Kühe ihn mehrmals, weil sie ihn nicht gleich begriffen haben.« (Aivanhov)

Menü

Blattsalate mit Knoblauchdressing
Chicorée mit Käse überbacken
Kirschkuchen

von Helga Kandler

Blattsalate mit Knoblauchdressing

¼ Kopfsalat • ¼ Endivie (Eskariol) • ¼ Radicchio •
1 Handvoll Löwenzahnblätter

Dressing

250 g saure Sahne • Saft von ½ Zitrone •
Kräutersalz • Sojasauce • 1 Prise Meersalz •
2–3 durchgepresste Knoblauchzehen

Blattsalate waschen und die Blätter auf 4 Tellern hübsch anrichten. Für das Dressing alle angegebenen Zutaten vermischen und zu den Blattsalaten reichen.

Chicorée mit Käse überbacken

4 Chicoréestauden • 150–200 g mittelalter Gouda •
4 EL Mehl • 1 Ei • 4 EL Semmelbrösel •
Öl zum Braten

Die Chicoréestauden waschen und den bitteren Kern kegelförmig herausschneiden. Die Stauden im ganzen kurz in sprudelndem Salzwasser mit einem Schuß Essig blanchieren. Gut abtropfen lassen und halbieren. Den Käse in Streifen schneiden und zwischen die Chicoréeblätter stecken. In Mehl, Ei und Semmelbröseln wenden und im heißen Öl goldgelb braten. Dazu schmeckt frisches Brot oder Petersilienkartoffeln.

Kirschkuchen

180 g feingemahlener Dinkel oder Weizen •
2 EL flüssiger Honig • 1 Messerspitze Vanille •
1 Ei

Belag

1 kg Herzkirschen • 3 Eigelb • 3 EL flüssiger Honig •
4 EL Sahne • Zimt • 100 g gemahlene Nüsse •
3 Eiweiss

Aus Mehl, Honig, Vanille und Ei einen geschmeidigen Teig kneten. Einige Zeit ruhen lassen. Ausrollen und Boden und Rand einer Springform damit belegen. Die entsteinten Herzkirschen darauf verteilen. Einen Guß aus den Eigelben, dem Honig, der Sahne, Zimt und den Nüssen herstellen. Eiweiß steif schlagen und unter die Masse ziehen. Das Ganze gleichmäßig auf die Kirschen verteilen und den Kuchen bei mittlerer Hitze (180–200°) etwa 40–50 Minuten backen.

GUT LEBEN
OHNE TIERISCHES EIWEISS

Drei Studien beweisen, wie man – der alten Ernährungslehre zum Trotz – mit reiner Pflanzenkost, ohne jedes tierische Eiweiß, nicht nur über- sondern sogar gut leben kann.

1. Studie: Im Ersten Weltkrieg bewahrte der dänische Arzt Hindhede die Dänen vor der Hungersnot, der sie sonst unweigerlich anheim gefallen wären (nachzulesen in »Unsere Nahrung – unser Schicksal« von Dr. M. O. Bruker). Hindhede stoppte die ungeheure Verschwendung von Lebensmitteln über den Umweg Tier, ließ trotz großer Proteste den Hauptanteil des Viehbestandes schlachten, so daß die Bevölkerung überwiegend vegetarisch leben MUSSTE – und so überlebte.

2. Studie: Ein japanisches Ehepaar namens Karatsune bewies in Selbstversuchen, wie man sogar mit einer Kalorienzahl, die der in Kriegsgefangenenlagern entspricht, leben kann, wenn – diese Kalorien aus rohen Pflanzen zugeführt werden. Die beiden aßen 120 Tage nichts anderes als rohen Reis, mit Wasser verknetet, mehrere Arten frisches Gemüse, einige Früchte und Seegras, alles roh – und blieben gesund und leistungsfähig. Im zweiten Versuch aßen sie genau die gleiche Menge, diesmal gekocht – nach kurzer Zeit zeigten sich Vitaminmangel und Hungerödeme, Zustände, die aus Kriegszeiten bekannt sind. (Aus: »Die Ordnung unserer Nahrung« von Prof. Kollath.)

3. Studie: In Kanada wurde bereits vor Jahrzehnten an einem Plan gearbeitet, die »Hungerländer« mit Auskeimkost zu versorgen, sprich mit gekeimten Getreiden und gekeimten Hülsenfrüchten. Leider blieb diese revolutionäre Idee wie viele andere auf der Strecke; man versorgte statt dessen die unterentwickelten Länder mit unserer krankmachenden Zivilisationskost.

Ungemahlenes Getreide und Hülsenfrüchte in diese Länder zu schicken, hätte folgende Vorteile: einfacher Transport – lange Aufbewahrungszeit (wenn trocken gelagert) – es ist kein Brennmaterial für die Zubereitung nötig – und die Versorgung mit nativem, das heißt mit nicht denaturiertem Eiweiß ist optimal, der Gehalt an Vitamin B_1, A und C nach dem Keimvorgang sogar höher als vorher. Viele Menschen könnten durch Auskeimkost vor dem Verhungern gerettet werden (Dr. Ralph Bircher).

Kennen Sie die Geschichte vom hundertsten Affen? Forscher studierten das Verhalten von Affen auf einer Insel. Die Affen liebten Süßkartoffeln, mochten aber nicht den daranhaftenden Sand. Ein Affenmädchen kam auf die Idee, die Kartoffeln am nahen Fluß zu waschen. Nach einer gewissen Zeit wuschen auch die anderen Affen auf der Insel ihre Kartoffeln. Und dann passierte es: als der hundertste Affe seine Kartoffeln gewaschen hatte, sprang der Funke dieser Idee über auf sämtliche umliegenden Inseln – fortan wuschen alle Affen aller Inseln vor dem Verzehr ihre Kartoffeln!

Ich vertraue auf einen ähnlichen Quantensprung auch in anderen Bereichen, auch im Hinblick auf die vegetarische Lebensweise. Jede Hilfe muß Hilfe zur Selbsthilfe sein, sonst kuriert sie nur an Symptomen herum, statt die Ursachen auszumerzen. Ich könnte mir vorstellen, daß eine solche alternative Hilfsaktion dann in anderen Ländern nachvollzogen werden kann. Es werden sich Helfer/innen überall finden, in kirchlichen, spirituellen und tierschützerischen Gruppen, die gerade in den Ostländern zur Zeit förmlich aus dem Boden schießen.

Ich vertraue darauf, daß wir alle gemeinsam imstande sind, unsere Erde wieder zu heilen – und daß eine solche Aktion einer der vielen kleinen Schritte dazu sein kann.

HERBST

APFEL, NUSS UND MANDELKERN ...

Dies ist der Herbst – der bricht dir noch das Herz ... wer jetzt kein Haus hat, baut sich keines mehr, wer jetzt allein ist, wird es lange, lange bleiben ...«
Das sind eher melancholische Gedanken zum Thema Herbst, den ich trotz oder gerade wegen seiner wehmütigen Grundstimmung besonders liebe. Auch den November liebe ich, mit seinem verhangenen grauen Himmel, seinen Regen, den Stürmen, der Kahlheit der Natur. Alles sieht so ordentlich aus: Felder und Gärten sind abgeerntet, Gemüse und Früchte und Blumenknollen für den kommenden Frühling sorgsam und winterfest gelagert; das Vogelhäuschen ist aufgestellt, gefüllt mit Leckerbissen für meine gefiederten Freunde, die mich monatelang mit den herrlichsten Konzerten erfreut haben.

Bei mir daheim auf dem Land riecht es nach nasser Erde und Kartoffelfeuer; die Buben lassen ihre Drachen steigen, wie im Bilderbuch; im Haus duftet es nach Bratäpfeln, Nelken und Zimt. Als Kinder haben wir um diese Zeit Nelkenschweine gebastelt: in eine Zitrone bohrt man Löcher, in jedes Loch wird eine Nelke gesteckt; das Schwein bekam Beine aus Streichhölzern, einen Schwanz aus Lakritze, und in der Schnauze aus Nelken steckte ein Pfennig als Glücksbringer.

So ein Nelkenschwein duftet nicht nur angenehm aromatisch, es desinfiziert auch die Luft. Den Nelken – getrocknete Blütenknospen des auf den Molukken wachsenden Gewürznelkenbaumes – wird eine stark bakterientötende Wirkung zugeschrieben. Es heißt, daß die einheimische Bevölkerung krank wurde, als man einmal aus Profitgier fast alle Nelkenbäume abgeholzt hatte.

Automatisch wird sich Ihr Körper im Herbst und Winter nach schwererem, vielleicht auch fetterem Essen sehnen. Geben Sie diesem Bedürfnis ruhig nach. Und schwelgen Sie in Gewürzen! Frisch gemahlener Pfeffer ist so vitaminreich, daß er die vielgepriesene Orange bei weitem in den Schatten stellt; eine ideale Kombination ist schwarzer Pfeffer mit Honig; auch der den ganzen Körper tonisierende Ingwer, Muskatnuß und Gelbwurz sind ideale Wintergewürze, da sie Hitze erzeugen. In den kommenden Monaten werden wir unseren Speisenzettel vor allem mit unseren einheimischen Gemüsen bedienen. Da sind: Rote Bete, Kraut und Kohl, Möhren, Sellerie, Lauch, Kartoffeln, Sauerkraut, Hülsenfrüchte. In dieser Jahreszeit kaufe ich weder grünen Salat noch Tomaten, aber mindestens einmal am Tag gibt es frische Keime und Sprossen, dazu getrocknete Brennesseln, die ich über Suppen und Gemüsegerichte streue. Eine Fundgrube an Mineralien!

In den Herbst- und Wintermonaten brauche ich am wenigsten Zeit zum Einkaufen. Besinnlichkeit kehrt ein. Auf dem Ofen liegen schnurrend die Katzen mit winterlich aufgeplustertem Fell. Vielleicht findet man an den langen Abenden endlich Zeit, wieder einmal in Ruhe ein Buch zu lesen, oder darüber nachzudenken, was man eigentlich das ganze Jahr über getrieben hat.

In der Stadt wiederum andere Gerüche, nach gebrannten Mandeln, nach Glühwein. Der Maronibrater hat seinen Stand aufgestellt. Das mag ich, in der klirrenden Kälte die heißen Maroni aus der Tüte essen. Auf dem Markt decke ich mich mit Walnüssen ein. Natürlich kaufe ich sie mit der Schale. Das gehört auch dazu zum Herbst: das Nüsseknacken, ebenso wie der Bratapfel mit Vanilleschlagsahne, wie der heiße, mit Ingwer, Zimt und Nelken gewürzte Most. Apfel, Nuß und Mandelkern mögen (nicht nur) alle Kinder gern! All dies ist auch der Herbst – und der wärmt dir das Herz ...

WAHRE GESUNDHEITS-BOMBEN: SPROSSEN UND KEIME

Sprossen und Keime sind ganz besonders wertvolle Rohkostbestandteile. Während des Keimprozesses erhöht sich der in den Samen vorhandene Vitamingehalt. Und das beste daran ist: Vor allem im Herbst und Winter kann man diese Gesundheitsbomben selbst auf der Küchenfensterbank ziehen. Wichtig dabei ist, die Sprossen während des Keimprozesses regelmäßig zu spülen, denn unerwünschte Mikroorganismen (z. B. Schimmelpilze) lieben dieselbe Wärme und Feuchtigkeit wie Sprossen.
In der nebenstehenden Tabelle sind alle wichtigen Zeiten für das Keimen von Samen, Hülsenfrüchten und anderen Sprossen zusammengetragen. Die Angaben beziehen sich auf das Wachstum bei Raumtemperatur (18–22 °C).

Bunt sind schon die Wälder,
gelb die Stoppelfelder
und der Herbst beginnt.
Bunte Blätter fallen,
graue Nebel wallen –
kühler wehet der Wind.

Sorte	Einweich-zeit (in Std.)	Spül-vorgänge (pro Tag)	Keim-dauer (Tage)
Adzukibohnen	ca. 12	2–3	4–5
Alfalfa	0–4	1	5–7
Bockshornklee	0–4	1–2	2
Buchweizen	0–2	1	2–3
Erbsen	ca. 12	3–4	2–3
Gerste	8–12	2	3–5
Hafer	ca. 4	1	3–5
Hirse	8–12	2	2–4
Kichererbsen	ca. 12	3–4	2–3
Kresse	0–4	1	5–6
Kürbiskerne	12–18	3	ca. 3
Leinsamen	–	1	ca. 3
Linsen	6–12	2–3	2–3
Mungobohnen	ca. 12	2–3	3–4
Reis	8–12	2	2–4
Rettich	0–4	1	2–6
Roggen	8–12	2	2–3
Senf	0–4	1	2–6
Sesam	4–6	1–2	ca. 2
Sojabohnen, gelbe	ca. 12	3–4	3–4
Sonnenblumenkerne	6–12	2	ca. 2
Weizen	8–12	2	2–3

Menü

HERBSTSALAT
KRAUTROULADEN MIT PIKANTER FÜLLUNG
PUMPKIN-PIE

Herbstsalat

4 FEINGERAFFELTE MÖHREN • 1 FEINGERAFFELTER KLEINER SELLERIE • 4 IN SPALTEN GESCHNITTENE ÄPFEL • 200 G MITTELFEIN GERAFFELTER KÜRBIS • 1 EL ROSINEN • 100 G FRISCHE BLATTSPINATTRIEBE • 1 EL KÜRBISKERNE • 1 EL GROBGEHACKTE MANDELN ODER HASELNÜSSE • EINIGE KAPUZINERKRESSEBLÜTEN UND -BLÄTTCHEN

DRESSING

200 G JOGHURT • 200 G SAURE SAHNE • 1 EL MEERRETTICH • 1 EL ZITRONENSAFT • 1 TL SENF • SALZ • PFEFFER

Die Gemüse, die Apfelspalten und Blattspinattriebe in kleinen Häufchen portionsweise auf 4 Tellern anrichten; Möhren mit Rosinen, Sellerie mit Nüssen, Kürbis mit Kürbiskernen bestreuen. Alles mit den Blüten verzieren. Dressingzutaten verrühren und in die Mitte jedes Salattellers einen großen Klacks Dressing setzen.

Krautrouladen mit pikanter Füllung

1 KLEINER WEISSKOHL • 2 TASSEN GEKOCHTER REIS • 1 TASSE GEKOCHTER GRÜNKERN • 1 KLEINGESCHNITTENE ZWIEBEL • 250 G GEDÜNSTETE PILZE • 100 G IN WÜRFEL GESCHNITTENER KÄSE • 2 EL FEINGEHACKTE PETERSILIE • GEKÖRNTE GEMÜSEBRÜHE • SOJASAUCE • DELIKATA • KRÄUTERSALZ • 1 TASSE GEMÜSEBRÜHE

Den Weißkohl in Salzwasser so lange kochen, bis sich die Blätter ablösen lassen. Jeweils 2 Blätter aufeinanderlegen. Die übrigen Zutaten gut vermischen und auf die Krautblätter füllen, zusammenrollen, in eine feuerfeste Form legen, eine Tasse Gemüsebrühe zugießen und bei mittlerer Hitze im Ofen 20 Minuten garen. Mit Tomatensauce, Kapernsabayon oder Käsesauce servieren.

Pumpkin-Pie

(Kürbiskuchen)

250 G WEIZENMEHL • 2 GESTR. TL BACKPULVER • 1 EI • 1 EL HONIG • 100 G BUTTER • NATURVANILLE • ABGERIEBENE SCHALE VON 1 ZITRONE

FÜLLUNG

1 KG IN WÜRFEL GESCHNITTENER UND WEICH GEDÜNSTETER KÜRBIS • 4 EIER • 200 G HONIG • JE ½ TL ZIMT, MUSKAT, PIMENT • 5 EL SAHNE • 2 EL BUTTER • 1 EL PFEILWURZMEHL • 100 G FEINGEHACKTE NÜSSE NACH WAHL

Aus Mehl, Backpulver, Ei, Honig, Butter, Vanille und Zitronenschale einen Teig kneten. ½ Stunde ruhen lassen. Inzwischen Kürbiswürfel zerdrücken. Eier trennen, Eigelb mit der Hälfte des Honigs und Gewürzen schaumig rühren. Sahne und zerlassene Butter mit dem Kürbispüree unter die Eiercreme mischen. Eischnee mit Pfeilwurzmehl bestäuben und unter die Kürbismasse ziehen. Den Teig in eine Pie-Form drücken, mit einer Gabel mehrmals einstechen und 10 Minuten bei 200° vorbacken. Die Masse auf den Boden streichen, bei 230° zuerst 10 Minuten, dann bei 180° in weiteren 30 Minuten fertigbacken. Die Kürbismasse muß fest sein. Die Nüsse mit dem restlichen dünnflüssigen Honig mischen und über den lauwarmen Kuchen gießen.

Menü

Bohnenbündel auf Tomaten
Walnussbrot mit Backferment
Kürbissuppe
Thymian-Dampfnudeln mit Salzkruste
Kastanieneis auf karamelisierten Quitten

von Christl und Gabi Kurz

Bohnenbündel auf Tomaten

200 g zarte grüne Bohnen • 8 lange Schnittlauchhalme • 8 Zweiglein Bohnenkraut • 3 Tomaten • 3 EL Butter • 1 Prise Vollmeersalz • 4 Scheiben Roggen-Vollkornbrot • Butter zum Bestreichen • 10 frische geschälte und gehäutete Walnüsse • etwas Olivenöl

Bohnen putzen und waschen, 8 gleichgroße Bündel mit je 1 Schnittlauchhalm zusammenbinden, jeweils 1 Bohnenkrautzweiglein dazustecken. Über Dampf garen. Tomaten abziehen und Kerne entfernen. Tomaten würfeln und in Butter kurz erwärmen, mit etwas Salz abschmecken. Die Brotscheiben mit Butter bestreichen und die gehäuteten Schälnüsse darauflegen. Pro Portion 2 Bohnenbündel auf Tomatenwürfel setzen, mit wenig Olivenöl beträufeln. Dazu schmeckt Walnußbrot.

Walnußbrot mit Backferment

1. Tag 18.00 Uhr

1 EL Backferment • 2 EL Sauerteig • 2 EL lauwarmes Wasser • feingemahlener Roggen • 0,2 l sehr warmes Wasser (ca. 50°) • 250 g Roggen • 0,2 l sehr warmes Wasser

2. Tag 8.00 Uhr

1 EL Kümmel • 1 EL Koriander • 1 TL Anis • 1 TL Fenchel • 600 g Roggen • 200 g Weizen • 0,3 l sehr warmes Wasser • 3 EL Vollmeersalz • 2 EL Rohrzucker-Melasse • 200 g Walnusskerne • 1 EL Roggenschrot • 1 TL Butter • 1 Tasse Wasser

Backferment, Sauerteig und Wasser klümpchenfrei verrühren und in eine Schüssel geben, die das dreifache Volumen des Ansatzes leicht fassen kann. Roggenmehl mit dem Wasser dazugeben, mit einem Kochlöffel gut verrühren, mit einem sauberen Küchentuch gut abdecken und bis zum nächsten Morgen stehen lassen. Roggenkörner und Wasser in eine Schüssel geben und ebenfalls über Nacht stehen lassen.

Am nächsten Morgen von dem Vollsauer 2 Eßlöffel in ein Schraubglas geben und in das Gemüsefach des Kühlschrankes stellen als Ansatz fürs nächste Backen (4–6 Wochen haltbar). Zuerst die Gewürze in der Getreidemühle mahlen, mit Roggen und Weizen nachmahlen, damit sich die Mühle wieder reinigt, mit dem Wasser zum Ansatz des Vortages geben. Auch das eingeweichte Getreide samt Wasser kommt jetzt dazu. Salz mit dem Mörser zerstoßen und mit der Melasse zum Teig geben, 10 Minuten gleichmäßig durchkneten. Jetzt Walnußkerne dazugeben, durch zu langes Mitkneten würden sie zu sehr zerkleinert. Der Brotteig muß ganz weich sein. Gut abdecken, warm stellen und mindestens 2 Stunden gehen lassen. Der Teig muß um die Hälfte aufgegangen sein.

2 Kastenformen mit Butter auspinseln und mit Schrot ausstreuen. Den Teig in die Form geben – es ist normal, daß er nicht von Hand zu formen ist – auch oben mit Schrot bestreuen und zugedeckt nochmal 1 Stunde an einem geschützten, warmen Ort gehen lassen. In der Zwischenzeit den Backofen auf 250° vorheizen. Den gut gelockerten Teig einschieben, 1 Tasse Wasser entweder auf den Boden des Ofens gießen und die Backofentür schnell schließen, oder die Tasse Wasser 10 Minuten dazustellen. Nach 30 Minuten die Temperatur auf 180° herunterschalten und noch ca. 1 Stunde weiterbacken. Wenn der Ofen eine zu starke Oberhitze hat und das Brot zu dunkel wird, die letzten 30 Minuten mit Alufolie abdecken. Das Brot ist gar, wenn bei der Holzstäbchenprobe nichts mehr hängen bleibt.

Kürbissuppe

1 Muskat-Kürbis • 3/4 l Gemüsebrühe • 1/4 l Milch • 1 Schuss Weisswein • Kräutersalz • Pfeffer • Muskat • geröstete Weizenvollkornbrotwürfel

Den Kürbis waschen und so öffnen, daß oben ein schöner Deckel bleibt. Kürbis aushöhlen und die Kerne entfernen. Das Fleisch mit Gemüsefond und Milch garen. Im Mixer glattpürieren und mit Weißwein, Salz, Pfeffer und Muskat abschmecken. Den Kürbis inzwischen in Alufolie einschlagen und bei 180° für etwa 30 Minuten erwärmen. Kurz vor dem Servieren die Suppe in den Kürbis füllen und erst am Tisch einschenken. Mit den Weizenvollkornbrotwürfeln bestreuen.

Thymian-Dampfnudeln mit Salzkruste

1/4 l Milch • 10 g Honig • 1 TL Vollmeersalz • 30 g Hefe • 500 g feingemahlener Weizen • 1 Bund Thymian • 50 g Butter • 2 Eier • 1/4 l Wasser • 1 TL Vollmeersalz • 100 g Butter

Pilzragout

750 g gemischte Zuchtpilze (z. B. Champignons, Shiitake-Pilze, Austernpilze) oder nur 1 Sorte • 1 Gemüsezwiebel • 200 g Petersilienwurzeln • 2 EL Öl • 250 g Sahne • 1 Knoblauchzehe • 1 Lorbeerblatt • 1 Zweig Thymian • evtl. Pfeilwurzmehl • Kräutersalz • Pfeffer • Saft von 1/2 Zitrone

Milch leicht erwärmen, Honig, Vollmeersalz und Hefe darin auflösen. Weizenmehl in eine Schüssel geben, in die Mitte eine Mulde drücken, Honigmilch und Thymianblättchen hineingießen und mit wenig Mehl verrühren, 10 Minuten gehen lassen. Butter schmelzen, mit den Eiern zum Hefeteig geben, so lange rühren bis der Teig Blasen wirft. 20 Minuten zugedeckt gehen lassen. Inzwischen in einem breiten, nicht zu hohen Topf Wasser, Salz und Butter erwärmen. Auf ein bemehltes Tuch etwa 15 golfballgroße Kugeln aus dem Hefeteig legen und zugedeckt nochmal 10 Minuten gehen lassen. In das heiße Wasser geben, Topf verschließen, evtl. mit einem nassen, zusammengedrehten Küchentuch rund um den Deckelrand so abschließen, daß möglichst wenig Dampf entweichen kann. Bei sanfter Wärmezufuhr ca. 20 Minuten garen.

Pilze mit Küchenkrepp reinigen und mundgerecht zerkleinern. Zwiebel in 1 cm große Würfel schneiden. Petersilienwurzeln in Wasser bürsten und mit der Schale in 1/2 cm große Scheiben schneiden. Mit den Zwiebelwürfeln in 1 Eßlöffel Öl glasig andünsten. Mit Sahne aufgießen und zugedeckt ca. 15 Minuten dünsten. Eine Pfanne mit der Knoblauchzehe ausreiben. Pilze, Lorbeerblatt und Thymian im restlichen Öl anbraten und zu dem Ragout geben. Mit Salz und Pfeffer und Zitronensaft abschmecken.

Kastanieneis

200 g geschälte Kastanien • 1/4 l Milch • 2 Eigelb • 1 EL Kleehonig • 125 g Sahne • 1 Messerspitze Vanillemark

Kastanien in der Milch weichkochen, anschließend im Mixer pürieren, bis eine sehr glatte, sämige Masse entstanden ist. Eigelbe mit Honig schaumig aufschlagen. Die Kastanienmilch mit Sahne und Vanille erhitzen, die Eimasse dazugeben und unter Rühren kurz aufwallen lassen, bis etwas Bindung entsteht. Masse abkühlen lassen und in der Eismaschine zu Eis rühren.

Sollten Sie keine Eismaschine haben, so können Sie die Masse auch im Tiefkühlgerät gefrieren lassen. Dann aber alle 20 Minuten herausnehmen und mit einem Schneebesen die gefrorene Masse vom Schüsselrand nach innen in die meist noch flüssige Masse rühren. Nur so entstehen kleine Eiskristalle und das Eis wird cremig.

Karamelisierte Quitten

2 grosse oder 3 kleine Quitten • 4 EL Kleehonig • Mark von 1/4 Vanilleschote • 1–2 TL Pfeilwurzmehl

Quitten schälen, Kerngehäuse entfernen und Quitten in Spalten schneiden. In einem Topf zusammen mit dem Honig und dem Vanillequark bei schwacher Hitze etwa 30 Minuten leicht kochen lassen. Saft abgießen, mit Pfeilwurzmehl binden und kurz aufkochen lassen. Die Quittenspalten sternförmig auf Teller legen, in die Mitte 2 Eiskugeln setzen und die Quitten mit dem noch heißen Quittensaft beträufeln.

Menü

Hoummous auf Chicoréeblättern
Teigtäschchen auf Sellerie-Möhren-Mus
Birnen mit Roquefort gefüllt

Hoummous auf Chicoréeblättern

(Kichererbsenpaste)

250 g Kichererbsen • 2 TL Salz • 1–2 feingepresste Knoblauchzehen • ¼ Tasse Zitronensaft • 1 Tasse Sesammus (Tahin) • ½ Tasse Olivenöl • 2 EL gehackte Minze oder Petersilie • Chicoréeblätter von 2–3 Stauden

Kichererbsen über Nacht einweichen. Einweichwasser abgießen und in reichlich frischem Wasser in etwa 50 Minuten weichkochen. Kochwasser abgießen, auffangen und beiseite stellen. Bis auf 3 Eßlöffel Öl alle Zutaten mit einem Stabmixer fein pürieren, dabei langsam etwas Kochwasser nachgießen – Hoummous sollte sehr dickflüssig sein! In 4 kleinen Schälchen anrichten und das restliche Öl darübergießen. Schälchen jeweils in die Mitte eines großen Tellers stellen und mit Chicoreéblättern sternförmig umkränzen.

Teigtäschchen auf Sellerie-Möhren-Mus

2 Eier • 50 g Butter • Salz • Pfeffer • 250 g Sahnequark • 150 g feingemahlener Dinkel

Füllung

Nach Belieben: geriebener Käse • knackig gegartes Gemüse • Nüsse

Sellerie-Möhren-Mus

1 grosse Zwiebel • 600 g Sellerie • 200 g Möhren • ¼ l Gemüsebrühe • 250 g Sahne • Salz • Pfeffer • Muskat • 1 TL Honig

1 Eigelb mit Butter und Salz schaumig rühren, 1 ungeschlagenes Eiweiß unterrühren, Salz, Pfeffer, Quark und Mehl dazugeben und einarbeiten. Den Teig etwa 30 Minuten kalt stellen. Teig auf gut bemehlter Arbeitsfläche ausrollen und etwa 25 Kreise mit einem Durchmesser von 7 cm ausstechen. Diese beliebig füllen, z.B.: mit geriebenem Käse, mit »al dente« gedünsteten, feingeraffeltem Gemüse oder gewürzten, geriebenen Nüssen. Zu halbkreisförmigen Täschchen zusammenklappen, auf ein gebuttertes Blech setzen, mit einem verquirlten Ei bestreichen und bei 180° ca. 30 Minuten goldgelb backen. Man kann die Teigtäschchen auch in kochendem Salzwasser ca. 12 Minuten ziehen lassen und dann in brauner Butter schwenken.
Zwiebel, Sellerie und Möhren in Würfel schneiden, in der Brühe gardünsten und pürieren. Sahne mit einem Schneebesen unter das Püree ziehen und mit Salz, Pfeffer, Muskat und Honig abschmecken.

Birnen mit Roquefort gefüllt

4 Birnen • 100 g Roquefort • 125 g Sahne • Kräutersalz • frischgemahlener Pfeffer • Walnüsse

Birnen halbieren, Kerngehäuse herausschneiden. Roquefort mit Sahne, Kräutersalz und Pfeffer schaumig rühren. Auf jede Birnenhälfte ein Roqueforthäufchen setzen und mit 2 halben Walnüssen garnieren.

KÖRNDLBEISSER-TREFF BEIM SCHLOSSWIRT SIGHARTSTEIN

Im Jahr 1984 brachte ich in meinem österreichischen Heimatort in der Nähe Salzburgs einem ganz »normalen« Gastwirt, der allerdings hervorragend kocht, eine Getreidemühle und mein Kochbuch.

Probiere doch einmal ein Vollwertgericht! schlug ich dem eher skeptischen Schloßwirt vor. Und der tat es, zuerst ziemlich widerstrebend. Wer sollte denn so etwas essen, in unserem kleinen Provinznest, alles Gerichte ohne Fleisch, ohne Fisch, noch dazu eine Mehlspeis ohne Zucker, und gar mit Vollkornmehl zubereitet?

Ich gab dem Arnold Schützenhilfe; gründete flugs einen monatlichen Treffpunkt, den »Körndlbeißer-Treff«, erhob so ein Schimpfwort zum Qualitätsbegriff und – die Rechnung ging mehr als auf – die Leute kamen nicht nur, sie strömten.

Die »Körndlbeißer-Treffs« – eingeleitet mit einem köstlichen Menü, gefolgt von einem Vortrag über ganzheitliche Lebensweise – finden übrigens mittlerweile im Seminarzentrum statt und ziehen Besucher aus Nah und Fern an, ob über vollwertiges Kochen und Backen oder die Heilkraft der Edelsteine, über den richtigen Schlafplatz oder über Astrologie referiert wird.

Heute hat der Schloßwirt in Neumarkt am Wallersee (Adresse Seite 140) nicht nur mehrere Vollwertmenüs auf der täglichen Speisekarte, er richtet sogar Hochzeiten vollwertig aus, wenn das Brautpaar es wünscht. Heute, meldet Arnold Kuschnigg stolz, essen 60 bis 70% der »ganz normalen« Gäste die mit kaltgepreßten Ölen angemachten Rohkostsalate, die raffinierte Gemüsesülze, Lauchstrudel, Vollkornnockerln oder die mit frischer Sahne und Honig zubereiteten Eisspezialitäten.

Als ich meinen 60. Geburtstag feierte, den Beginn meines Daseins als Single unter dem Motto: »Ich bin entschlossen, die kommenden Jahre zu den schönsten meines Lebens zu machen« – was bisher auch gelungen ist – da durfte Arnold nicht fehlen. Im Schloß Kleßheim servierte der Schloßwirt ein gigantisches Vollwertbufett für 150 Personen.

Das Steinchen, einmal in den See geworfen, zog Kreise. Ein Jahr darauf taten sich zwei Gemeinden, nämlich Neumarkt, Thalgau und mein Seminarzentrum in Oberhofen zur Aktion »Das gesunde Dorf« zusammen. Neumarkt bietet als Schwerpunkt den kulinarischen Treffpunkt beim Schloßwirt, Thalgau ist vielfach prämiert für seine Aktivitäten auf dem Gebiet Umweltschutz, und schließlich glänzen wir mit unserer »Öko-Uni«.

Alle drei Orte wetteifern miteinander, auch die Feriengäste zum »sanften« Tourismus anzuleiten. Das beginnt beim »Frühstück ohne Müll« (keine fertig verpackte Butter, Marmelade etc.); der Spaziergänger kann auf speziellen Wanderwegen auf bestimmten Sträuchern seltene Schmetterlinge bewundern, seinen Durst mit frischem Quellwasser stillen oder beim Bio-Bauern einkehren und sich an selbstgebackenem Brot, ebensolcher Butter und hausgemachtem Käse laben.

Im Thalgauer Schwimmbad gibt's übrigens kein Chlor, da besorgen muntere Fische das Putzen des Bassins! Falls Sie Lust bekommen haben auf gesunde Tage in unseren gesundheitsbewußten Feriendörfern, hier die Adressen der Fremdenverkehrsvereine:

Fremdenverkehrsverband Neumarkt
Hauptstraße, A-5202 Neumarkt
Telefon (6 12 16) 69 07 oder 4 00

Fremdenverkehrsverband Thalgau
Eiterer-Scholer-Weg 312, A-5303 Thalgau
Telefon (62 35) 3 50 oder 6 24 42

Menü

Gemüsesülze auf Sauce Vinaigrette
Rosa Pfefferrahmsuppe
Sellerieschnitzel auf Tomatensauce
Vollwert-Mohr im Hemd

von Arnold Kuschnigg, Schloßwirt Sighartstein

Gemüsesülze auf Sauce Vinaigrette

5 mittelgrosse Möhren • 1 Knollensellerie • 2 Zucchini • 1 Blumenkohl • 1 l Gemüsefond • 1 TL Agar-Agar • Wein oder Apfelessig

Vinaigrette

je 1 rote, gelbe und grüne Paprikaschote • 1 gekochtes Ei • 1 EL gehackte Zwiebeln • 1 EL gehackte Petersilie • 5 EL Olivenöl • 2 EL Sherryessig • Kräutersalz und Pfeffer

Geputzte Möhren und Sellerie in Scheiben schneiden, in leicht gesalzenem Wasser bißfest kochen. Zucchinischeiben und Blumenkohlröschen ebenfalls bißfest garen. Jedes Gemüse kurz in kaltem Wasser abschrecken, damit es seine Farbe behält. Agar-Agarpulver in dem Gemüsefond erhitzen (siehe Verpackungshinweis). Wein oder Apfelessig zugeben und die Masse mit dem Gemüse mischen – noch einmal abschmecken. Die Masse in eine mit kaltem Wasser ausgespülte Form füllen und erstarren lassen.
Paprikaschoten und Ei hacken. Mit Zwiebeln und Petersilie mischen. Olivenöl mit Sherryessig, Kräutersalz und Pfeffer nach Geschmack verrühren, die Paprika-Zwiebel-Ei-Masse unterheben. Die Sülze stürzen und in Scheiben schneiden. Auf der Vinaigrette anrichten.

Rosa Pfefferrahmsuppe

3 EL gehackte Zwiebeln • 50 g Butter • 100 g Weizenmehl • ½ l Milch • gekörnte Brühe • 2 EL rosa Pfefferkörner • 125 g Sahne

Zwiebeln in der Butter andünsten. Weizenmehl dazugeben, die Milch unter Rühren aufkochen lassen. Mit gekörnter Brühe abschmecken. Rosa Pfefferkörner dazugeben. Alles gut mixen. Zum Schluß einen Teil der Sahne unterrühren. Mit Sahnehäubchen und Pfefferkörnern servieren.

Sellerieschnitzel auf Tomatensauce

5 EL gehackte Zwiebeln • 6 EL Olivenöl • 1 kg geschälte Tomaten • ¼ l Gemüsefond • Kräuter: Oregano, Basilikum, Thymian, Majoran, Kräutersalz • 1 Knoblauchzehe

Sellerieschnitzel

2 geschälte Knollensellerie • 16 Scheiben Emmentaler • Weizenmehl • 3 Eier • Vollkornbrösel • Pflanzenfett zum Braten

Zwiebeln im Olivenöl andünsten, geschälte Tomaten zugeben. Etwas Gemüsefond aufgießen, mit Kräutern und Kräutersalz 30 Minuten köcheln lassen. Zum Schluß die durch die Presse gedrückte Knoblauchzehe dazugeben.
Inzwischen für die Sellerieschnitzel den Sellerie in Salzwasser bißfest kochen, in Scheiben schneiden und abkühlen lassen. Je eine Scheibe Sellerie mit einer Scheibe Emmentaler belegen, eine zweite Scheibe Sellerie darauflegen, zusammendrücken und nacheinander in Mehl, Ei und Vollkornbröseln panieren. In heißem Pflanzenfett von beiden Seiten braten. Auf der Tomatensauce servieren.

Vollwert-Mohr im Hemd

100 g Butter • 6 Eigelb • 100 g Honig • 100 g geriebene Mandeln • 100 g Vollkornbrösel (evtl. Biskuitbrösel) • 6 Eiweiss • 125 g geschlagene Sahne • Honig nach Geschmack

Butter mit Eigelben und Honig schaumig rühren. Mandeln und Vollkornbrösel untermischen. Eiweiß zu festem Schnee schlagen und unterziehen. Die Masse in eine gefettete Auflaufform füllen (nur ¾ voll!) und diese im Wasserbad im Backofen bei 180° 35 Minuten backen. Die Masse aus der Form stürzen und den Vollwert-Mohr mit Honig-Schlagsahne servieren.

Menü

WALDORFSALAT
MAISKUGELN AUF SPINAT MIT MÖHREN
WEIZENVOLLKORNWAFFELN MIT BUTTER, HONIG UND SESAM

Waldorfsalat

1 GROSSER KNOLLENSELLERIE • 2 GROSSE ÄPFEL • 1 ZITRONE • ½ TASSE GEHACKTE WALNUSSKERNE • 100 G SAHNE • SALZ • PFEFFER • 1 TL HONIG • EINIGE GROSSE RADICCHIOBLÄTTER • EINIGE WALNUSSKERNE ZUM BESTREUEN

Sellerie und Äpfel feinraffeln, sofort mit Zitrone vermischen; die Nüsse unterheben. Die restlichen Zutaten zu einem lockeren Dressing verrühren und alles gut vermischen. Auf den Radicchioblättern anrichten und mit Walnußkernen bestreuen.

Maiskugeln auf Spinat mit Möhren

1 L GEMÜSEBRÜHE • 250 G MAISGRIESS • 800 G PÜRIERTER SPINAT • 1 KNOBLAUCHZEHE • SALZ • PFEFFER • MUSKAT • 125 G SAHNE • 500 G IN SCHEIBEN GESCHNITTENE MÖHREN • 2 EL BUTTER • 1 TL HONIG • GEHACKTE PETERSILIE ZUM BESTREUEN

Gemüsebrühe zum Kochen bringen, Maisgrieß einrieseln lassen, in 5 Minuten zu einem festen Brei kochen, dann noch etwa 15 Minuten bei ganz schwacher Hitze ausquellen lassen – warmstellen. Spinat mit Salz, Pfeffer, Muskat, durchgedrückter Knoblauchzehe und Sahne vermischen, langsam erwärmen. Die kleingeschnittenen Möhren in der Butter andünsten, Salz, Pfeffer und Honig zugeben; wenn nicht genügend Flüssigkeit entsteht, etwas Wasser dazugießen und die Möhren »al dente« garen. Auf einem großen Teller Spinat anrichten. Mit einem Eisportionierer oder einem runden Löffel Kugeln aus dem Mais formen, diese kreisförmig auf dem Spinat anordnen. Die Möhren in die Mitte anhäufeln; alles mit Petersilie bestreuen.

Weizenvollkornwaffeln mit Butter, Honig und Sesam

200 G WEIZENMEHL • ¼ L MILCH • 1–2 PRISEN MEERSALZ • BUTTER ZUM AUSFETTEN DES WAFFELEISENS

Mehl mit Milch und Salz gut verquirlen (der Teig muß von der Kelle laufen), Teig mindestens 10 Minuten ruhen lassen. Waffeleisen erhitzen, mit dem Pinsel leicht einfetten. Je eine Schöpfkelle voll Teig in das Waffeleisen füllen, nach Vorschrift backen. Waffeln auf einem Rost im Ofen warmhalten oder abkühlen lasen. Je nach Waffeleisen ist die Backdauer unterschiedlich. Bei einem automatischen Waffeleisen können Sie zwischen »weich« und »knusprig« wählen. Ich backe die Waffeln immer knusprig auf Stufe 4, ein beschichtetes braucht man nur gelegentlich leicht mit einem Pinsel einfetten. Übriges: Die Waffeleisenhersteller behaupten, daß Teflonbeschichtungen nur gesundheitsgefährdend sind, wenn sie versehentlich bis auf 400° erhitzt werden.
Ich mag die Waffeln am liebsten dick mit Butter bestrichen, darauf Honig, und darüber gestreut noch gerösteter Sesam – das alles Sonntagmorgens im Bett, zu grünem Tee, Kerzen und Meditationsmusik.

Menü

Rote Bete-Apfel-Salat »Dansk«
Grüne Bohnensuppe
Gefüllter Mangold
Avocadocreme mit Ingwer

von Devanando Weise

Rote Bete-Apfel-Salat »Dansk«

200 g Rote Bete • 100 g säuerliche Äpfel • 100 g saure Sahne • 20 g Sonnenblumenkerne • 1 tl Honig

Rote Bete und Äpfel grob raspeln, mit der sauren Sahne mischen und in einer flachen Schale anrichten. Sonnenblumenkerne kurz in einem Pfännchen rösten, den Honig einrühren. Die Kerne über den Salat geben.

Grüne Bohnensuppe

1 Zwiebel • Olivenöl • 3/4 l Gemüsebrühe • 200 g grüne Bohnen • 50 g Mandelsplitter • Salz • Pfeffer • 50 g Butter • 1 Bund frisches Basilikum

Die feingeschnittene Zwiebel in Olivenöl dünsten, mit Gemüsebrühe auffüllen und darin die in kurze Stücke geschnittenen Bohnen garen. Die leicht angerösteten Mandelsplitter dazugeben und mit Salz und Pfeffer abschmecken. Aus der Butter und dem feingehackten Basilikum eine Kräuterbutter zubereiten. Jede Portion Suppe erhält dann unmittelbar vor dem Servieren einen Klacks Kräuterbutter.

Gefüllter Mangold

4 grosse Mangoldblätter mit flachgeschnittenen Mittelrippen • 200 g Egerlinge oder Champignons • 1 grosse Zwiebel • Olivenöl • 3 Scheiben zerbröseltes Vollkornbrot • 1 Bund feingehackte Petersilie • 2 el Tomatenmark • 3 el feingehackte Haselnüsse • Salz • Pfeffer • etwas saure Sahne • Butter • Gemüsebrühe • 2 el Weisswein • 2 tl Kurkuma • 1 tl Curry • 300 g Sahne • Zitronensaft

Mangoldblätter so weich dämpfen, daß man sie rollen kann. Für die Fülle die Pilze und die kleingehackte Zwiebel in heißem Öl braten. Das zerbröselte Brot sowie die 3 folgenden Zutaten beifügen. Gut durchkneten. Mit Salz und Pfeffer abschmecken. Ist die Fülle zu fest, etwas saure Sahne dazugeben. Die Mangoldblätter wie Kohlrouladen füllen. In Butter anbraten und soviel Gemüsebrühe dazugeben, daß diese im Topf 1–2 cm hoch steht. Ca. 15 Minuten im Backofen schmoren. Die Röllchen herausnehmen und auf einer vorgewärmten Platte warm halten. Für die Sauce löscht man die restliche Bratflüssigkeit mit 2 Eßlöffel Weißwein ab und würzt mit den folgenden 4 Zutaten. Dann gibt man die Sahne hinzu und läßt ein wenig eindicken. Mit Zitronensaft abschmecken. Die Mangoldröllchen mit der Kurkumasauce zusammen mit schräg geschnittenen, gedünsteten Möhren und Hirse servieren.

Avocadocreme mit Ingwer

2 reife, weiche Avocados • 1 el frischer Zitronensaft • 1/2 tl geriebene, frische Ingwerwurzel • 1/2 tl Zimt • 1 tl Honig • 200 g Sahne

Die Avocados pürieren und mit den folgenden vier Zutaten vermischen. Die Sahne steifschlagen und unter das Püree heben. Mit einem Pfefferminzblättchen servieren.

Menü

Knoblauchrahmsuppe mit Dinkelcroutons
Hirtentopf mit Zucchiniblüten
Moccacreme

von Werner Ultsch

Knoblauchrahmsuppe mit Dinkelcroûtons

60 g feingehackte Zwiebeln • 30 g Butter • 25 g fein gemahlener Weizen • 0,6 l Gemüsebrühe • 6 zerdrückte Knoblauchzehen • 60 g Sahne • Muskat • Pfeffer • Salz • 2 EL gehackte Petersilie

Dinkelcroûtons

20 g Butter • 1 zerdrückte Knoblauchzehe • 2 EL gehackte Petersilie • 4 Scheiben Dinkelbrot

Zwiebeln in Butter dünsten, Weizenmehl dazugeben und mit kalter Gemüsebrühe aufgießen. Die Suppe unter ständigem Rühren etwa 20 Minuten köcheln lassen. Zerdrückte Knoblauchzehen und Sahne dazugeben. Mit den Gewürzen abschmecken. Die Suppe mit einem Stabmixer kräftig aufschlagen, damit sie sämig wird. Die Butter aufschäumen, Knoblauch dazugeben und die Brotscheiben darin knusprig braten. Die Suppe mit Petersilie bestreuen und mit den Dinkelcroûtons servieren.

Hirtentopf mit Zucchiniblüten

12 Zucchiniblüten • 120 g milder Schafskäse • 2 EL Schnittlauch • 12 junge Zucchini • 16 Frühlingszwiebeln • 12 Stangen weisser Spargel • 16 junge Möhren • 120 g junge Erbsenschoten • 6 halbierte Knoblauchzehen • 6 EL Olivenöl • 2 EL gehackte Kräuter (Kerbel, Petersilie) • 2 EL geschnittener Schnittlauch • Salz • 400 g Tomatensauce • 400 g Briocheteig (oder Blätterteig) • Weizenmehl • 1 Eigelb • 3 EL Milch zum Bestreichen

Zucchiniblüten in kaltem Wasser fünf Minuten einweichen. Stempel entfernen. Den Schafskäse mit einer Gabel zerdrücken und mit dem Schnittlauch vermengen. Die Zucchiniblüten damit füllen. Die Zucchini in schräge, 3 cm lange Stücke schneiden. Frühlingszwiebeln in 1 cm breite Ringe schneiden. Spargel schälen, die holzigen Teile entfernen und in 3 cm lange Stücke schneiden. Möhren und Zuckerschoten putzen. Gemüse und Zwiebelringe mit 200 ml Wasser aufkochen. Auf die Hälfte reduzieren lassen und durch ein Sieb gießen. Knoblauchzehen im Olivenöl andünsten. Möhren dazugeben und bei schwacher Hitze unter öfterem Schwenken etwa 3 Minuten sautieren. Zucchini, Zwiebeln und Erbsenschoten hinzufügen. Mit dem reduzierten Gemüsefond ablöschen und weitere 2 Minuten dünsten. Zuletzt die Kräuter und die Spargelstücke dazugeben. Mit Salz abschmecken. Tomatensauce erhitzen und in 4 runde feuerfeste Gratinförmchen (10 cm Durchmesser, 5 cm hoch) füllen. Das gedünstete Gemüse darauf verteilen und mit den gefüllten Zucchiniblüten bedecken. Den Briocheteig auf bemehltem Untergrund 2–3 Millimeter dick ausrollen. Der Teig muß zirka 3 Zentimeter über den Rand der Gratinförmchen hinausragen. Eigelb und Milch gut verrühren. Den Rand der Formen damit bestreichen. Den Teig darüberlegen und fest andrücken. Die Teigoberfläche ebenfalls mit Ei bepinseln. Das Ganze im Backofen etwa 15 Minuten bei 220° backen und sofort servieren.

Moccacreme

50 g Ahornsirup • ⅛ l Kaffee (kräftiger Bohnen- oder Getreidekaffee) • 3 g Agar-Agar • 0,1 l Milch • 2 Eigelb • Mark von 1 Vanilleschote • 100 g geschlagene Sahne • etwas Hippenbruch und eine Kirsche

Sirup und Kaffee erhitzen, Agar-Agarpulver hinzugeben. Vom Herd nehmen und 5 Minuten quellen lassen. Wieder erhitzen und aufwallen lassen. Wiederum vom Herd ziehen. Das Geliermittel muß sich vollständig aufgelöst haben, sonst den Vorgang wiederholen. Milch mit den Eigelben und dem Vanillemark in einem anderen Geschirr erhitzen, bis die Masse den Schneebesen umhüllt. Anschließend im Kaltwasserbad mit dem noch heißen Kaffeegelee verrühren, auf zirka 40° kaltschlagen, die Sahne unterziehen und in Portionsschälchen füllen. Etwa 1 Stunde kühlen. Mit einer Sahnerosette, Hippenbruch und einer Kirsche garnieren.

Menü

Kürbisrohkost
Risotto mit Pfifferlingsauce
Mohn-Nudeln

Kürbisrohkost

500 g fein geraffelter Kürbis • 1 in Spalten geschnittener grosser Apfel • 1 in Scheiben geschnittene Banane • 2 EL Rosinen • 2 EL Kürbiskerne

Sauce

200 g Sahne • Saft von ½ Zitrone • 4 EL Mayonnaise (Seite 55) • ½ TL Ingwerpulver • 1 TL Honig

Kürbis mit Apfelspalten und Bananenscheiben mischen und sofort mit Zitrone beträufeln. Rosinen und Kürbiskerne unterheben. Die restlichen Zutaten mit dem Schneebesen zu einer Sauce verrühren und über den Salat gießen.

Risotto mit Pfifferlingsauce

1 kleine, feingehackte Zwiebel • 1 EL Butter • 2 Tassen Reis • 4 Tassen Wasser oder Gemüsebrühe • 1 Tasse grüne Erbsen (eventuell tiefgefroren)

Sauce

1 mittlere, feingehackte Zwiebel • 1 feingehackte Knoblauchzehe • 3 EL Butter • 500 g geputzte, grobgeschnittene Pfifferlinge • Salz • Pfeffer • Saft von ½ Zitrone mit der doppelten Menge Wasser vermischt • 250 g Sahne • Sojasauce • 4 EL gehackte Petersilie

Zwiebelwürfel in der Butter andünsten. Reis dazugeben und glasig rösten. Mit der Flüssigkeit aufgießen und aufkochen lassen. Die Erbsen untermischen, zugedeckt im Backofen bei 100° garquellen lassen. Zwiebel und Knoblauch in der Butter dünsten. Pfifferlinge dazugeben, salzen, pfeffern und mit gewässertem Zitronensaft aufgießen; leicht köchelnd garen, die Sahne zum Schluß unterziehen (besonders cremig wird die Sauce, wenn die Sahne geschlagen wird!); nicht mehr aufkochen lassen, mit frischgemahlenem Pfeffer und Sojasauce abschmecken. Risotto und Sauce auf 4 Tellern anrichten und mit Petersilie bestreuen.

Mohn-Nudeln

300 g mehlige, gekochte Kartoffeln • 100 g Mehl • 100 g Butter • 1 Eigelb • 1 EL Butter • etwas Honig • 1 Prise Salz • 100 g gemahlener Mohn

Kartoffeln passieren, mit Butter und Eigelb zu einem Teig verkneten. Eine etwa 2 cm dicke Rolle daraus formen, ganz kleine Scheiben davon abschneiden und zu länglichen Nudeln formen. In sprudelndem Salzwasser 3–5 Minuten kochen, abgießen, in dem gemahlenen Mohn schwenken und mit heißer Butter beträufeln.

Wir hatten ein Seminar ausgeschrieben: »Kochend meditieren – meditierend kochen«. Die Prospekte lagen im Massageinstitut aus. Während ich massiert wurde, hörte ich, wie ein Mann in der Nebenkabine den Prospekt studierte: »Jamei, wos isn dös für a Schmarrn! Kochend meditieren – meditierend kochen – da verwechsl i jo Zucker und Salz!«

Menü

ROHKOST MIT ENDIVIENHERZEN
GRÜNKERNBRATEN MIT BLUMENKOHLSAUCE
MOHNSTRUDEL

von Helga Kandler

Rohkost mit Endivienherzen

1 KOPF ENDIVIENSALAT • 2 MÖHREN • 1 GROSSES STÜCK KNOLLENSELLERIE • 2 ÄPFEL • 250 G SAUERMILCH • 4 EL MAYONNAISE (SEITE 55) • 1 EL KÜRBISKERNE • 1 EL WEIZENKEIMLINGE

Jeweils 1/4 des Endiviensalats auf einen Teller legen. Möhren, Sellerie und Äpfel raspeln, mit der Sauermilch und Mayonnaise vermischen, auf dem Salat verteilen. Kürbiskerne und Weizenkeimlinge über die angerichteten Endivienherzen streuen.

Grünkernbraten mit Blumenkohlsauce

1 KLEINGESCHNITTENE ZWIEBEL • 1 KLEINGESCHNITTENE GROSSE MÖHRE • 1 KLEINGESCHNITTENE STANGE LAUCH • 3/4 L GEMÜSEBRÜHE • 1 EL BUTTER • 250 G GRÜNKERNSCHROT • 100 G GERIEBENE MANDELN • 8 EL GERIEBENER KÄSE • 4 EL VOLLKORNBRÖSEL • 3 EIER • ETWAS STREUWÜRZE

BLUMENKOHLSAUCE

1 KG BLUMENKOHLRÖSCHEN • 1/8 L GEMÜSEBRÜHE • 1/8 L MILCH • SALZ • PFEFFER • 1 TL PFEILWURZMEHL • 200 G SAHNE • 1 BUND PETERSILIE

Zwiebel ohne Fett anrösten, Möhren und Lauch zugeben, mit Gemüsebrühe aufgießen, aufkochen, Butter und Grünkernschrot einrühren. Bei ganz schwacher Hitze zugedeckt quellen lassen. Alle anderen Zutaten, bis auf 4 Eßlöffel geriebenen Käse, untermischen. Einen Braten formen und auf einem gefetteten Blech 30 Minuten bei 180° backen. Mit dem restlichen Käse bestreuen und nochmals 5 Minuten überbacken. Blumenkohlröschen in Gemüsebrühe und Milch 10 Minuten dünsten, mit Salz und Pfeffer würzen, pürieren. Das Pfeilwurzmehl mit der Sahne verrühren und unter den Blumenkohl ziehen. Mit gehackter Petersilie bestreuen.

Mohnstrudel

150 G QUARK • 8 EL SONNENBLUMENÖL • 250 G DINKELMEHL • 1 EI • 100 G HONIG • 1 TL BACKPULVER • 1 PRISE MEERSALZ • 4–6 EL MILCH

FÜLLUNG

250 G GEMAHLENER MOHN • 1/4 L MILCH • 1/2 TL VANILLE • 1 TL ZIMT • 4 EL BLÜTENHONIG • 2 EL HASELNUSSMUS • BUTTER ZUM BESTREICHEN

Aus Quark, Öl, Mehl mit Backpulver, Ei, Honig, Salz und Milch einen Teig kneten und diesen zu einem Rechteck ausrollen. Für die Füllung Mohn in der Milch aufkochen und 20 Minuten quellen lassen. Die übrigen Zutaten unter den Mohn rühren und die Masse auf den Teig streichen. Von der breiten Seite her zu einem Strudel rollen und im vorgeheizten Backofen bei 180° 30–40 Minuten backen. Noch heiß mit Butter bestreichen.
Den Strudelteig kann man auch aus 300 g feingemahlenem Dinkel, 1 Prise Salz, 1 Ei und 250 g Sahne zubereiten.

Menü

Radieschenkeimsalat mit Tomaten
Reisbraten mit Lauch und Champignons
Schokonusspudding

von Helga Kandler

…msalat
…en

3 in Sc… …ten • 1–2 in Streifen
ge… …i • ½ in Scheiben
geh… …ürfelte Zwiebel •
1 T… …Kopf Blattsalat

…utersalz •
1… …kekonzentrat

Die zerkl… …ossen mit dem Dressing
vermisch… …richten.

…Lauch
…nons

…müsebrühe

1 geha… …feingeschnittener
Lauch • … …tene Champignons •
Bu… …Streuwürze •
1… …ner Edamer

Den Reis i… gar kochen. Für die Füllung d… …ten in Butter kurz dünsten, m… …würze würzen. Die Hälfte des … gefettete Auflaufform füllen. Da… …n. Die Käsewürfel darüberstre… …e darübergeben und das Ganze … Minuten garen. Dazu paßt eine T…

Schokonußpudding

¾ l Milch • 4 EL Honig • 2 EL Haselnussmus •
2 EL gehackte Nüsse • 2–3 EL Carobpulver oder
Bio-Kakao • 1 gehäufter TL Agar-Agar

Die Milch erhitzen und Honig, Haselnußmus, Carob bzw. Bio-Kakao und Agar-Agar hineinrühren. In mit kaltem Wasser ausgespülte Förmchen gießen und erkalten lassen. Mit Schlagsahne und Nüssen oder Früchten servieren.
Helga Kandler verwendet anstelle von Carob oder Bio-Kakao für ihre Familie ein malzhaltiges Kakaopulver!

Stichwort: Hefeteig

Wer Gebäck mit wenig Fett möchte, backt am besten Kleingebäck, Napf- oder Blechkuchen mit Hefe. Sie wird frisch oder getrocknet angeboten.

…spricht 25 g frischer Hefe. Vorteil von Trockenhefe: Sie kann direkt unter den Teig gemischt werden, ein Vorteig entfällt. Wichtig ist, Hefe ein wenig Zucker oder Honig, Wärme und Zeit zum Entfalten zu geben. Hefeteig lässt sich auch ganz ohne Ei…

…gemahlenes Weizenvollkornmehl, 1 Päckchen Trockenhefe, 200-250 ml lauwarmes Wasser, 1 Teelöffel Honig, etwas Meersalz, 50 g weiche Reformhausmargarine. – Alles miteinander verrühren, etwa eine halbe Stunde gehen lassen, je nach Rezept…

02/02

Menü

Rote Bete-Salat mit Weizen
Couscousgemüse auf Gerste
Wiltruds Quark-Apfel-Kuchen

Rote Bete-Salat mit Weizen

2 fein geraffelte, mittelgrosse Knollen rote Bete • 100 g über Nacht eingeweichter Weizen • 1 feingehackte Zwiebel • 1 TL Meerrettich • 2 EL Aceto Balsamico • ½ Tasse Sonnenblumenöl • Salz • Pfeffer

Weizen kochen, bei ganz schwacher Hitze 1 Stunde quellen lassen. Rote Bete, Weizen, Zwiebeln vermischen, die restlichen Zutaten zu einer Salatsauce verrühren und mit dem Salat gut vermengen.

Couscousgemüse auf Gerste

3 Tassen Gerste • 6 Tassen Gemüsebrühe

Gemüse

225 g getrocknete, über Nacht eingeweichte Kichererbsen • 3 EL Sonnenblumenöl • 200 g Zwiebeln • 2 grosse Knoblauchzehen • 200 g grüne Paprika • 200 g Möhren • 3 Kartoffeln • 250 g gewürfelter Kürbis • ca. 1 l Wasser • 100 g Rosinen • 1 TL Cayennepfeffer • 2 TL gemahlener Kreuzkümmel • 1 TL Paprikapulver • Salz • frisch gemahlener schwarzer Pfeffer • 1 EL Harissa Sauce • 40 g Butter • 150 g Tomaten

Gerste in Gemüsebrühe etwa 10 Minuten kochen und bei schwacher Hitze noch 20 Minuten köcheln, bis sie gar ist.
Kichererbsen mit dem Einweichwasser in einen großen Topf geben; die Erbsen müssen bedeckt sein. Bei starker Hitze aufkochen lassen, Hitze reduzieren und zugedeckt etwa 1 Stunde, oder bis die Erbsen weich sind, köcheln lassen. Abtropfen und beiseite stellen.
Öl in einer großen, tiefen Pfanne erhitzen, die in Scheiben geschnittenen Zwiebeln, den geschälten und zerdrückten Knoblauch, die gewürfelte Paprika und die Möhren darin anbraten, bis die Zwiebeln weich sind. Die geschälten und geviertelten Kartoffeln, den gewürfelten Kürbis und Wasser zufügen. Zum Kochen bringen, Hitze reduzieren, zudecken und 20 Minuten köcheln lassen. Nun die Kichererbsen, und die restlichen Zutaten dazugeben; dann 1 EL Harrissa Sauce zugießen; nochmal kurz aufkochen. Die Gerste auf eine tiefe Platte füllen, in die Mitte eine Mulde drücken und das Gemüse darauf anrichten.

Wiltruds Quark-Apfel-Kuchen

3 grosse Äpfel • etwas Zitronensaft • 1 TL Rum • 5 EL Honig • etwas Zimt • 180 g Butter • 2 Eigelb • 70 g Griess • 1 Prise Salz • 3 EL Pfeilwurzmehl • 1 TL Weinsteinbackpulver • ½ TL Vanille • 500 g Sahnequark • 2 Eiweiss • evtl. 50 g Mandelstifte

Äpfel schälen, in dünne Spalten schneiden und in etwas Zitronensaft, Rum, 1 EL Honig, Zimt ziehen lassen. Weiche Butter mit Eigelb und restlichem Honig schaumig rühren. Grieß, Salz, Pfeilwurzmehl, Backpulver und Vanille vermischen. Quark zum Butter-Eigelb-Honig-Gemisch geben und verrühren. Die restlichen Zutaten unterrühren. Die Apfelschnitzen mit der Zitronenmarinade dazugeben. Eiweiß steif schlagen und vorsichtig unterheben. In einer gebutterten Springform bei ca. 175° etwa 1 Stunde backen. Den Kuchen eventuell vor dem Backen mit Mandelstiften bestreuen. Nach 50 Minuten die Temperatur auf 200° erhöhen, damit die Oberfläche schön braun wird. Man kann den Kuchen mit geschlagener Honigsahne und einer Beerensauce reichen.

AYURVEDA – DIE WISSENSCHAFT VOM LEBEN

Oft habe ich mich über die Vorlieben und Abneigungen meiner vielen Bekannten und Freunde in puncto Ernährung gewundert. Was dem einen schmeckt und offensichtlich auch bekommt, gilt für den anderen überhaupt nicht. Da schmiert sich einer fingerdick Butter aufs Brot und verzehrt genüßlich einen öltriefenden Salat – dem anderen wird beim bloßen Anblick schon übel; der nächste hat dauernd Appetit auf Süßes, wieder einer mag es scharf und bitter, wie zum Beispiel ich.
Vor einiger Zeit stieß ich auf eine Theorie, oder richtiger Typologie, die des Rätsels Lösung bringen könnte. Sie ist uralt und stammt aus Indien, aus dem Ayurveda. Ayurveda (das altindische Sanskritwort bedeutet soviel wie »Wissenschaft vom Leben«), wird sicher eine der wichtigsten alternativen Heilmethoden der Zukunft auch bei uns. Laut Ayurveda ist ein Mensch gesund, wenn seine Physiologie im Gleichgewicht ist, Verdauung und Stoffwechsel gut arbeiten, Gewebe und Ausscheidung gut funkionieren und sein Selbst, sein Geist und seine Sinne sich im Zustand dauerhaften inneren Glücks befinden. (Sushruta, indischer Arzt, 1000 v. Christus).
Im Ayurveda gelten psychisch-geistige Störungen als Ursache für alle Krankheiten. Deshalb gehören auch Yoga und Meditation zur Therapie. Es geht im Ayurveda um ein breit angelegtes Vorsorgeprogramm (statt wie in der herkömmlichen Medizin um eine reine Symptombekämpfung), damit Gesundheitsstörungen vermieden und der physiologische Alterungsprozeß verlangsamt wird. Eine entscheidende Rolle spielen die drei »Doshas«.
Unter diesen Doshas versteht der Ayurveda die Prinzipien, welche Körper und Geist harmonisch zusammenspielen lassen. Die drei Doshas »Vata«, »Pitta« und »Kapha« sind in jedem Menschen unterschiedlich ausgeprägt.
Ich zitiere:
»Vata-Typen haben einen leichten Körperbau, zartgliedrige Gelenke. Appetit und Verdauung sind unregelmäßig. Sie sind nervös, überaktiv, neigen zu Ängstlichkeit und Vergeßlichkeit. Sie leiden oft unter kalten Händen und Füßen. Der Puls ist schnell und schwach. Süße, saure oder salzige Nahrung ist für sie günstig, aber sie sollten weißen Zucker, Trockenfrüchte, Lamm und Schwein meiden.
Pitta-Typen haben einen mittelschweren Körperbau, weiches Haar und feine Haut. Hitze vertragen sie schlecht; sie haben guten Appetit und eine geregelte Verdauung. Sie können aggressiv, reizbar und eifersüchtig sein. Ihr Puls ist mittelschnell und aufgeregt. Auf scharf gewürzte und saure Speisen sollten sie verzichten. Sie übernehmen gern Führungspositionen.
Kapha-Typen sind eher rundlich, haben kräftiges Haar und fette Haut. Stoffwechsel und Verdauung sind träge. Sie wirken entspannt, sind tolerant, haben einen guten Schlaf und besitzen Durchhaltewillen und gutes Gedächtnis. Sie sollten bittere, scharfe und herbe Nahrung bevorzugen. Gut ist gedünstetes Gemüse, Fett ist zu meiden. Kapha-Typen haben einen langsamen und starken Puls und sollten täglich mal ins Schwitzen kommen.«
Die drei Doshas in Ihnen bewirken unterschiedliche Bedürfnisse im Bezug auf Ernährung, berufliche Tätigkeit, Tag- und Nachtrhythmus, sportliche Betätigung etc. – von ihnen hängen Klima- und Jahreszeitenverträglichkeit ab. Auch die Tendenz zu bestimmten Krankheiten wird durch die drei Doshas bestimmt. Je nach Veranlagung ist das eine oder andere Dosha stärker ausgeprägt, ganz reine Typen gibt es selten. Der ayurvedische Arzt behandelt nun nicht die Symptome, sondern versucht herauszufinden, zu welchem Konstitutionstyp der Patient gehört, welche Disharmonien zur Krankheit geführt haben, und diese aufzulösen, aus-

schließlich mit Hilfe pflanzlicher Präparate, Heilkräutertabletten und -pasten, unterstützt durch Massagen, Ölbehandlungen, Yogaübungen und Meditation. In der TM-Zeitschrift, siehe Seite 139, sind die Kliniken angegeben, die bereits Ayurveda-Behandlungen durchführen.

Je mehr ich um mich herum studiere, wer was ißt und sich womit wohlfühlt – oder auch nicht – um so mehr bin ich darin bestärkt worden, daß diese Typeneinteilung zumindest einiges für sich hat. Wenn ich doch ein Vata-Typ wär' – und dessen Vorteil hätt' – ach wär das schön! Dann dürfte ich mich nämlich nach dem Mittagessen einer Siesta hingeben. Der Kapha-Typ dagegen darf das nicht, der muß laufen! Übrigens können Sie nach einiger Übung Ihre eigene Pulsdiagnose durchführen und täglich feststellen, ob Vata, Pitta und Kapha im Gleichgewicht stehen und, wenn nicht, lernen, diesen disharmonischen Zustand zu ändern, durch Yoga, Meditation, entsprechende Nahrung und Trinken von viel heißem Wasser. Das ist für alle Typen gut, weil es das Verdauungsfeuer, das »Agni«, anfacht. Probieren geht über studieren. Es ist wichtig, immer wieder in-sich-hinein-zu-hören- und -zu-spüren. Jeder ist selbst sein bester Heiler. Wobei das Ziel nicht sein kann, unbedingt hundert Jahre alt zu werden, sondern die Lebenszeit so vital und glücklich wie möglich zu verbringen. Der Weg ist das Ziel.

<u>Ein paar Ayurveda-Regeln zum Gesundbleiben für alle drei Typen:</u>

▷ Früh aufstehen (um 6 Uhr, früh zu Bett gehen (um 22 Uhr)
▷ Zwischen den Mahlzeiten 5 Stunden verstreichen lassen
▷ Zum Frühstück nur eine Tasse heißes Wasser trinken
▷ Nach dem Mittag- und dem Abendessen zehn Minuten sitzen bleiben, dazu eine Tasse Ingwertee trinken
▷ Nur essen, wenn man hungrig ist
▷ Möglichst frische Nahrung zu sich nehmen, keine aufgewärmten oder tiefgekühlten Speisen
▷ Abends keine Milchprodukte essen oder trinken

Einen guten Einblick in das indische Heilsystem geben das Ayurveda-Heilbuch des Praktikers Dr. Vasant Lad, und das Buch von Dr. Deepak Chopra »Gesundheit aus eigener Kraft« (Seite 140). Als ich auf der Buchmesse mein Gesundheitsbuch vorstellte, kamen Krischna-Anhänger an meinen Stand, mit einem Teller Süßigkeiten und einem vedischen Kochbuch als Geschenk, in dem ich all die herrlichen Gerichte wiederfand, die ich in Indien kennen und lieben gelernt hatte. Sollten Sie für die indische Küche Feuer fangen – und das werden Sie – müssen Sie sich unbedingt dieses Kochbuch zulegen (Seite 138). Selbstverständlich ist dieses Kochbuch vegetarisch, vermeidet Eier, erlaubt aber Milchprodukte. Knoblauch und Zwiebeln wiederum sind unerwünscht – man vermißt diese mir so lieben Liliengewächse aber kaum, weil mit den unendlich vielen immer neu gemischten Gewürzen abwechslungsreiche, raffinierte Geschmacksnuancen erzielt werden. Die indische Küche ist sehr einfallsreich; sie verwendet außer frischen Kräutern auch Wurzeln, Rinden und Samen, ganz oder gemahlen. Ich zitiere aus dem vedischen Kochbuch: »Gewürze und Kräuter, die »Juwele der indischen Küche«, machen die Mahlzeit nicht nur wohlschmeckend, sondern auch besser verdaulich. Viele Gewürze haben Heilkraft. Kurkuma (Gelbwurz) zum Beispiel ist ein harntreibendes Mittel, Cayenne regt die Tätigkeit des Magens an, und frischer Ingwer ist ein Tonikum. Die Wissenschaft des richtigen Würzens zur Akzentuierung des Geschmacks und zur Erhaltung der Gesundheit geht auf den Ayurveda und die Artha-sastra, jahrtausendealte vedische Schriften, zurück.

Wo Zucker vorgeschrieben ist, verwende ich natürlich Honig. Die Gewürze werden grundsätzlich in heißem Pflanzenfett oder in »ghee« (Butterschmalz) angebräunt, kurz vor Ende des Kochvorganges zu den Gemüsen etc. gegeben und nur kurz mitgekocht, damit das volle Aroma erhalten bleibt. Sie können die Gewürzmischungen fertig kaufen oder selbst zubereiten (Seite 136) und auf Vorrat in Schraubgläsern aufbewahren.

Sowohl mit der vedischen wie auch mit der indischen Kochweise hätte ich auf die Dauer Probleme. Es gibt kaum Frischkost, so gut wie nichts Rohes – kaum Salate, alles wird lange gekocht, vermutlich weil bei dem überwiegend heißen Klima die Speisen rascher verderben, und das Wasser auch nicht immer hygienisch einwandfrei sein dürfte. Im Ashram wurden deshalb alle Salate vor dem Verzehr in Jodwasser desinfiziert. Häufig bekam ich auf meine diesbezüglichen Bemerkungen die

Antwort, die auch in esoterischen Kreisen oft zu hören ist, daß es ziemlich egal sei, was man ißt, solange man richtig denkt. Sicher wirkt der beste Frischkornbrei nicht, wenn ich mich als Meister im negativen Denken übe; dennoch, das richtige (positive) Denken kann ganz sicher durch eine vitalstoffreiche Vollwertkost noch unterstützt werden. Und dazu gehört nun eben mal kein Zucker, kein Auszugsmehl und sicher auch nicht das häufige Fritieren in heißem Fett.
Ich habe also alle in Indien genossenen Speisen auf vollwertig umfunktioniert, auch die Gewürzmenge erheblich reduziert; denn unsere europäischen Zungen würden streiken bei dieser Schärfe, die dort für jedes Kind eine Selbstverständlichkeit ist und übrigens hauptsächlich von der Menge des verwendeten Chilis und Pfeffers abhängt. Ein Sprichwort sagt: »Das Essen muß so scharf sein, daß man es fast nicht essen kann, aber so gut, daß man nicht widerstehen kann und es essen muß!« Vielleicht haben Sie auch Lust die folgenden Rezepte mit der vedischen Essensempfehlung auszuprobieren:

»Gen Osten gerichtet zu essen bringt Ruhm und Erfolg.
Gen Westen gerichtet zu essen bringt Geld und Wohlstand.
Gen Norden gerichtet zu essen bringt tiefere Einsicht und Spiritualität.
Gen Süden gerichtet zu essen verursacht Zorn.«

Viele Inder beginnen die Mahlzeit mit den Süßspeisen, also mit dem Dessert. Deshalb stellt die Hausfrau meistens alle Speisen gleichzeitig auf den Tisch – jeder bedient sich nach Lust und Laune in der Reihenfolge, die ihm behagt. Ideal für ein Bufett, und Kinder sind selig!
Auf den folgenden beiden Seiten finden Sie ein vedisches Menü, das ich aus dem vedischen Kochbuch für Sie zusammengestellt habe:

Menü

HÜLSENFRUCHT-KROKETTEN IN JOGHURTSAUCE
GEMÜSEKRAPFEN
INDISCHES EIS MIT PISTAZIEN UND KARDAMOM, UND EINE SEHR SÜSSE LECKEREI – KNUSPERSPIRALEN IN HONIG! (DEM VEDISCHEN KOCHBUCH ANGELEHNT).

Hülsenfrucht-Kroketten in Joghurtsauce

(Dahi vada)

Eines meiner liebsten Hülsenfrucht-(Dal-)Gerichte – original aus dem vedischen Kochbuch

200 G URAD-DAL (WEISSE HALBE BOHNEN) • 1 TL KREUZKÜMMELSAMEN • 2 FRISCHE ENTKERNTE UND KLEINGEHACKTE CHILIS • 1 EL FRISCHER GERIEBENER INGWER • ½ TL ASAFÖTIDA • 1 ½ TL SALZ • GHEE ODER PFLANZENÖL ZUM FRITIEREN • 425 ML NATURJOGHURT • 1 EL KOKOSRASPEL • 2 EL GEHACKTE FRISCHE KORIANDERBLÄTTER • 2 PRISEN CAYENNEPFEFFER

Urad-Dal für mehrere Stunden in warmem Wasser einweichen, abtropfen lassen und im Mixer mit soviel Wasser pürieren, daß ein dickflüssiger, feiner Brei entsteht. Den Brei in eine Schüssel füllen und die Kreuzkümmelsamen, die Chilis, den Ingwer, die Asafötida sowie ½ Teelöffel Salz beimengen. Das ghee bzw. Öl in einer »karhai«, einem Wok oder einem Kochtopf bei mittlerer Hitze erhitzen. Die linke Hand anfeuchten, ca. 50 g der Dal-Mischung hineingeben und mit dem Daumen der linken Hand ein flaches »Brötchen« formen. Mit dem kleinen Finger der rechten Hand in die Mitte eine Vertiefung stupfen und den »vada« behutsam in das ghee gleiten lassen. Weil der dal nicht sehr fest ist, mag dieser Vorgang etwas Praxis erfordern (aber keine Sorge, Sie können den dal auch klümpchenweise mit einem Löffel in das heiße ghee setzen). Die vadas von beiden Seiten je 6–8 Minuten fritieren, bis sie rötlich-braun werden, dann herausnehmen und in einem Sieb abtropfen lassen. Die Kokosraspeln, die Korianderblätter, den Cayennepfeffer und das übrige Salz in den Joghurt rühren. Die vadas eine Stunde vor dem Servieren mit der Soße übergießen. Jeden vada in der Vertiefung in der Mitte mit einem Klecks Chutney garnieren.

Gemüsekrapfen

(Pakora)

Fast jede Gemüsesorte eignet sich für »pakoras«. Ganz gleich welches Gemüse Sie verwenden, schneiden Sie es in so große Stücke, daß die Garzeit gleich lang ist. Auberginen, Zucchini, Kartoffeln, Kürbis und Möhren können in Scheiben oder kleine Würfel geschnitten werden. Blumenkohl und Brokkoli in Röschen, Paprikaschoten in Ringe oder Streifen. Rosenkohl, Spargel und gefaltete Spinatblätter werden ganz gelassen. Pakoras sind eine willkommene Beilage für jede Mahlzeit, ein leicht zuzubereitender Starter, der besonders gut zu Chutneys paßt.

225 G KICHERERBSENMEHL • 1 EL KALINJISAMEN • JE ½ TL GEMAHLENER ZIMT UND CAYENNEPFEFFER • JE 2 TL GEMAHLENER KORIANDER, KREUZKÜMMEL UND KURKUMA • ¼ TL ASAFÖTIDA • 2 TL SALZ • ½ TL BACKPULVER • 0,3 L KALTES WASSER • 700 G GEPUTZTES GEMÜSE • GHEE ODER PFLANZENÖL ZUM FRITIEREN

Kichererbsenmehl in eine große Schüssel sieben und Gewürze, Salz und Backpulver daruntermengen. Langsam das kalte Wasser hinzugießen und so lange mit einem Schneebesen schlagen, bis ein glatter dickflüssiger Teig entsteht. Vor dem Erhitzen des ghee das Gemüse kleinschneiden. Große Blumenkohlröschen eventuell vorkochen, andere Gemüsesorten roh verwenden. Ghee bzw. Pflanzenöl erhitzen. Es ist heiß genug, wenn ein Teigtropfen sofort zischend zur Oberfläche aufsteigt. Eine Handvoll Gemüsestücke so in den Teig rühren, daß sie vollständig bedeckt sind. Nur jeweils eine Sorte Gemüse zur Zeit verwenden, denn jede Sorte soll separat fritiert werden. Das mit Teig überzogene Gemüse stückweise herausholen und schnell in das heiße ghee legen, bis die Oberfläche des ghee bedeckt ist. Die pakoras einige Minuten fritieren, bis sie goldbraun und knusprig sind. Herausnehmen und abtropfen lassen. Alle pakoras so fritieren, aber nie mehr als eine Lage auf einmal.

Indisches Eis mit Pistazien und Kardamom

(Kulfi)

Bis vor wenigen Jahrzehnten wurde kulfi ausschließlich von »kulfi wallas« (professionellen kulfi-Machern) hergestellt. Seit der Verbreitung der Kühltechnik kann jeder kulfi zubereiten. Kulfi ist die Creme für Devotees, denn gewöhnliche Eiscreme enthält meistens Eier. Kulfi ist härter als normale Eiscreme, und daher müssen Sie es 2–3 Stunden vor dem Servieren aus dem Kühlschrank nehmen.

2 EL REISMEHL • 2,3 L MILCH • 100 G HONIG • 4 EL GEMAHLENE PISTAZIEN • 1 EL ROSENWASSER • ½ TL KARDAMOMPULVER

Reismehl mit 4 Eßlöffeln Milch in einer Schüssel zu einem glatten Teig verrühren, beiseite stellen. Die restliche Milch etwa 45 Minuten lang auf ⅔ einkochen, dabei alle paar Minuten umrühren. Reismehlmischung, Honig und Pistazien in die Milch rühren und weitere 10 Minuten kochen lassen. Topf vom Herd nehmen. Rosenwasser und Kardamom hinzufügen, die Mischung auf Zimmertemperatur abkühlen lassen, in Formen füllen und in das Gefrierfach stellen. Alle 20–30 Minuten umrühren, um die sich bildenden Kristalle zu zerstören. Wenn das kulfi zu dick zum Umrühren wird, vollends gefrieren lassen. Zur Abwechslung kann kulfi mit Chicorée, Johannisbrotmehl, Vanille, gemahlenen Hasel- oder Cashewnüssen oder zerdrückten Beeren zubereitet werden.

»Vollkommene Gesundheit wird denen gehören, die sich um den Weltfrieden kümmern.«
– Maharishi Mahesh Yogi –

Knusperspiralen in Sirup

(Jalebi)

Jalebis sind triefend süße Leckerbissen zum Fingerlecken. Es gibt zwei Geheimnisse bei der Zubereitung: Fritieren Sie sie in wenig ghee (etwa 5–7 cm tief), so daß die Spiralen nicht absinken können, und achten Sie darauf, daß sie in dem Sirup gut durchweichen und dennoch knusprig bleiben.

275 G MEHL • 150 G REISMEHL • 275 G NATURJOGHURT • ½ TL SAFRANPULVER • WARMES WASSER • EVTL. ½ TL BACKPULVER • 575 ML WASSER • 1 EL ROSENWASSER • GHEE ZUM FRITIEREN • 250 G HONIG

In einer großen Schüssel die beiden Mehle, Joghurt, die Hälfte des Safrans und so viel warmes Wasser vermischen, daß ein dickflüssiger Teig entsteht. Mit einem Tuch zudecken und für einen Tag an einen warmen Ort stellen, damit der Teig natürlich gären kann. (Sie können diesen Vorgang beschleunigen, indem Sie ½ Teelöffel Backpulver hinzugeben). Der Teig ist fertig, wenn an der Oberfläche Blasen erscheinen. Wasser und den übrigen Safran 10 Minuten kochen. Vom Herd nehmen und das Rosenwasser hinzufügen. Das ghee in einem Wok oder einem flachen Topf erhitzen und den Teig nochmals durchschlagen, zum Schluß den Honig zugeben. Der Teig sollte die Konsistenz eines dicken Pfannkuchenteigs haben. Mit einer Spritztüte mit kleiner Öffnung Spiralen oder Schleifen (13 cm Durchmesser) in das ghee spritzen. Während des Fritierens die Spiralen einmal umdrehen. Wenn sie auf beiden Seiten knusprig und goldbraun sind, die jalebis mit einem Schaumlöffel herausholen, abtropfen lassen und höchstens 30 Sekunden in dem Sirup tränken, so daß sie noch knusprig bleiben. Heiß oder kalt servieren.

INDISCHE VEGETARISCHE KÜCHE: RAFFINIERT UND KÖSTLICH

Wenn es stimmt, daß der Mensch unzählige Inkarnationen durchmacht, also so lange wiedergeboren wird, bis er sein Karma aufgearbeitet hat, dann muß ich in meinem früheren Leben in Indien beheimatet gewesen sein. Alles, was mit Indien zu tun hat, fasziniert mich seit meiner Kindheit: indische Düfte, indisches Essen, indische Gewürze, die indische Landschaft, die indischen Menschen, indische Musik – was anderen wie Gejaule in den Ohren tönt, ist mir Sphärenmusik.

Ganz gewiß spielt bei meiner großen Liebe eine Rolle, daß der überwiegende Teil der Inder vegetarisch lebt; das Tier, vor allem die heilige Kuh, gilt als Mitgeschöpf; sie spendet Milch, hilft beim Ackerbau und liefert Mist zum Warmhalten der ärmlichen Hütten – aber sie wird nicht geschlachtet. Und da so viele Inder Vegetarier sind, hat es die indische Küche auf eine unglaubliche Anzahl der köstlichsten und raffiniertesten vegetarischen Gerichte gebracht.

Bisher ist es mir gelungen, dieses geheimnisvolle Land dreimal zu besuchen, das erste Mal als Touristin. Es war Liebe auf den ersten Blick, Liebe beim ersten Betreten des Bodens, es war wie Nachhausekommen – obwohl mich die Armut, die Ohnmacht angesichts dieser Armut, jedesmal wieder schier um den Verstand bringt. Offenbar muß man mit dieser Dialektik leben – überall in der Welt.

Bei meinem zweiten Indien-Besuch verbrachte ich einige Wochen in einem Ashram, der von einer Frau geleitet wird, Gurumayi mit Namen, was soviel bedeutet wie Guru-Mutter. In diesem Ashram muß jeder Besucher täglich fünf Stunden Arbeit für die Gemeinschaft leisten. Ich wurde für die Küchenarbeit eingeteilt. Wenn selbst das Gemüseputzen zur Meditation wird – es ist unglaublich, wie schnell dann fünf Stunden vergehen. Jeden Tag wurde für etwa 1500 Menschen zweimal vegetarisch gekocht. Können Sie sich das vorstellen, diese Gemüseberge? Sie habe einmal gar acht Stunden hintereinander Gemüse geputzt, bemerkte eine blonde Kölnerin, und sei überhaupt nicht müde geworden. Das ist wahre Meditation, wenn jede Arbeit, sei sie noch so »gering«, mit totaler Hingabe und Liebe ausgeführt wird. Auch das Austeilen der Mahlzeiten wird von Besuchern des Ashrams ausgeführt. Die Essenden sitzen in langen Reihen nebeneinander auf Matten im Gras. Aus großen Eimern wird mit Kellen Reis, Dal und Gemüse einfach auf große Blätter gehäuft. Diese Natur-Teller wandern anschließend auf den Komposthaufen – Abwaschen entfällt. Als Besteck dienen die Finger der rechten Hand; die der linken zu benutzen, gilt als unschlicklich, dient sie doch, pardon, zum Hinternabwischen. Also: man schaufelt sich Reis wie Dal mit den drei Mittelfingern der rechten Hand, eventuell unter Zuhilfenahme der Chapatis, der Fladen, in den Mund. Wer eine zweite Portion möchte, zeigt dies an. Jeder bekommt auf diese Weise nur soviel, wie er wirklich aufißt, es werden keine Speisen vergeudet. Das hat mir sehr gefallen. Ich bin ein Kriegskind. Für mich ist jeder Teller, der, nicht leer gegessen, in die Küche zurückgeht, ein Horror – jedes weggeworfene Stück Brot so etwas wie eine Sünde. Das ist übrigens der einzige Zusammenhang, in dem mir das Wort »Sünde« in den Sinn kommt.

Die einheimischen Frauen rollten, am Boden sitzend, die Chapatis mit unglaublicher Geschicklichkeit auf einer Art kleiner Fußbank. Jeden Tag Tausende von Chapatis! Ich habe mich oft gefragt, warum die Inder eine so schöne Haut und so wunderbar kräftige Haare haben. Sicher gibt es mehrere Gründe dafür – einer könnte auch der enorme Konsum an Hülsenfrüchten sein, die bekanntlich viel Eiweiß und Vitamine der B-Gruppe enthalten. Hülsenfrüchte, Linsen oder Bohnen, werden morgens, mittags und abends serviert; immer anders gewürzt, gibt es Dal zu jeder Tageszeit.

Ich habe diese Sitte übernommen, verzehre die Hülsenfrüchte wie Linsen, Kichererbsen, Mungobohnen aber überwiegend roh und gekeimt. Eine Vitaminbombe, die noch dazu kaum Arbeit macht! Hülsenfrüchte einweichen, feuchthalten, regelmäßig mit kaltem Wasser abspülen und warten, bis die von Leben strotzenden Keime sprießen – das ist alles (siehe auch Seite 68). Beim Keimen erhöht sich der Vitamingehalt noch beträchtlich, manchmal bis zu 300, ja sogar 600%. Speziell den Kichererbsen werden erstaunliche Heilerfolge nachgesagt. So wurde von einem Mann berichtet, der wieder ohne Brille sehen konnte, nachdem er über mehrere Monate täglich 40 rohe gekeimte Kichererbsen gegessen hatte. Ich habe mich zu diesem Experiment bisher allerdings nicht aufraffen können. Die Mungobohne soll natürliche Östrogene enthalten, interessant für Frauen, die in die Wechseljahre kommen.

Indische Gerichte eignen sich hervorragend für ein Büfett. Es kann eigentlich alles neben- und durcheinander gegessen werden. Wer es besonders scharf mag, würzt mit Currypaste nach (die es fertig zu kaufen gibt). Hier finden Sie eine kleine Auswahl von Gerichten, die zu einem indischen Essen gehören. Es ist dies eher eine bescheidene Tafel. Bei einem Festessen werden manchmal über hundert verschiedene Speisen aufgetischt! Ich habe die Rezepte von indischen Hausfrauen, bei denen ich zu Gast war, einige auch Gurumayis Köchen abgeluchst, und wieder andere in Hare-Krischna-Centren kosten dürfen oder bei den »Dadis« während der Friedenskonferenz im wilden Radschastan.

Auf Seite 136 finden Sie einen Überblick über die (wenigen) Küchengeräte, die zum Gelingen Ihrer indischen Kochversuche empfehlenswert sind, sowie eine Zusammenstellung der wichtigsten Gewürze.

Kleine indische Tafel

Chapatis und Puris (Fladen, auf dem Herd gebacken und/oder in heissem Fett fritiert) • Papadams (hauchdünne Fladen aus Bohnenmehl, die man fertig kauft und nur kurz in heissem Fett brät) • Überkrusteter gefüllter Blumenkohl mit Tomatensauce • Würzige Kartoffelschnecken • Bohnen-Kürbis-Curry • Salziger Mürbeteig • Reis-Mungobohnen-Eintopf • Samosas • Würzige Möhrenkroketten • Blumenkohl-Kartoffel-Curry • Nektarreis • Möhrendessert • Ingwertee • Lassi pikant • Lassi süss • Indischer Nougat

Als Getränke sowohl zu den pikanten Gerichten wie zu den exotisch anmutenden Süßspeisen werden gern Ingwertee und Lassi gereicht. Lassi, ein Joghurtgetränk, wird eisgekühlt serviert – entweder mit geröstetem Kreuzkümmelsamen, Salz und Zitronensaft abgeschmeckt, oder mit Honig gesüßt und mit Rosenwasser parfümiert. Beide Varianten erfreuen sich in Indien großer Beliebtheit.

Der Fladen, die Urform des Brotes, ist in so gut wie allen Ländern bekannt. In Israel als »Pitta«, in der Türkei als »Pide«, in Indien als »Chapati«, in Italien schließlich, etwas abgewandelt, als »Pizza«. In meinem ersten Kochbuch habe ich ein israelisches Rezept vorgestellt, das indischen Chapatis entspricht. Ich gebe es hier wieder, weil ich es besonders gut und einfach finde. Am besten gelingen Chapatis auf der heißen Herdplatte. In Ermangelung einer solchen backen Sie sie in einer schweren gußeisernen Pfanne, ohne Fett, unter häufigem Schütteln und Rütteln der Pfanne. Sie können die Chapatis – wie in Indien – am Schluß mit einer Zange über die offene Flamme halten, damit sie wirklich durch und durch gar sind. Samosas wiederum sind im Grunde nichts anderes als Piroggen, nur pikanter gewürzt, können also mit Piroggen oder Mürbeteig zubereitet werden. Meine indische Gastgeberin wählte die Mürbeteigvariante (Rezept Seite 97), gab zum Mehl allerdings nicht kalte Butter, sondern ghee, Butterschmalz: das ghee (oder auch zerlassene Butter) über das Mehl gießen, mit den Fingern zu Streuseln bröseln, danach Wasser und Salz zufügen und alles zu einem geschmeidigen Teig verkneten, der selbstverständlich, wie jeder Mürbeteig, ruhen muß.

Ich gebe Ihnen hier beide Rezepte zur Auswahl. In Indien werden die Samosas in heißem Pflanzenfett oder ghee fritiert. In meinem Seminarzentrum backen wir sie wie Piroggen im Ofen, da wir erhitztes Fett wegen seiner leberbelastenden Wirkung wegen möglichst vermeiden. Für die Fülle eignet sich jedes beliebige kleingeschnittene gedünstete Gemüse wie Möhren, Kohlrabi, Blumenkohl, Lauch, Erbsenschoten, Brokkoli, Spinatblätter etc. Auf die Gewürze kommt es an! Ich tobe mich regelrecht aus in Kreuzkümmel – meinem Lieblingsgewürz – Bockshornkleesamen, Ingwer, Kurkuma, Koriander, Asafötida, Nelken, Pfeffer und Zimt. Nur Mut! Die Gewürze werden gemahlen oder im Mörser zerstoßen, in heißem Pflanzenfett oder ghee angeröstet und nur kurz im fast fertig gegarten Gemüse mitgedünstet. Und so wird's gemacht:

Chapatis

(Pitta)

4 TASSEN FEINGEMAHLENES WEIZENVOLLKORNMEHL • SALZ NACH GESCHMACK • ½ TASSE WASSER

Mehl in eine Schüssel geben, Salz zufügen, vorsichtig mit dem Wasser verkneten. Es hängt vom Mehl ab, wieviel Wasser man braucht. Der Teig muß so fest sein, daß man ihn ausrollen kann. Teig 30 Minuten ruhen lassen. In 8 Stücke teilen, aus jedem Teigstück eine Kugel formen und diesen auf bemehlter Arbeitsfläche etwa 2 mm dick ausrollen. Fladen auf der heißen Herdplatte oder in der heißen Pfanne ohne Fett unter Schütteln und mehrmaligem Wenden ca. 10 Minuten backen.

Puris

Für die Puris verwende ich einfach den gleichen Teig – etwas weniger Wasser, dafür 1–2 Eßlöffel ghee oder zerlassene Butter, die richtige Konsistenz hat man bald heraus. Die Puris müssen leider in heißem Pflanzenfett fritiert werden, dafür schmecken sie aber auch traumhaft. Das vedische Kochbuch beschreibt die Vorgangsweise so hübsch und plastisch, daß ich sie hier zitieren möchte: »(Achtung! Zum Ausrollen des Teiges für die Puris die Arbeitsfläche nicht mit Mehl bestäuben, sondern mit ein paar Tropfen ghee oder zerlassener Butter bestreichen. Das Mehl würde im heißen Fritierfett verbrennen!) Wenn das ghee anfängt zu rauchen (!), die Hitze auf mittlere Flamme reduzieren und einen Puri auf diee Oberfläche des ghee legen – passen Sie auf, daß Sie sich nicht die Finger verbrennen. Der Puri wird für einige Sekunden auf den Boden sinken, um dann zischend zur Oberfläche zu steigen. Tauchen Sie ihn rasch, aber sanft mit dem Rücken einer Siebkelle unter, bis er sich wie ein Ballon aufbläht. Den Puri umwenden, für einige Sekunden ausbacken lassen, herausnehmen und aufrecht in einem Sieb abtropfen lassen.«

Gefüllter überkrusteter Blumenkohl mit Tomatensauce

Dieses herzhafte Blumenkohlgericht habe ich einem von Gurumayis Köchen abgeluchst. Es sieht wunderschön aus und zeigt die Blumenkohlblüte einmal in einem wahrlich neuen Kleid.

1 GROSSER BLUMENKOHL (ODER 2 KLEINE) • 6 EL PFLANZENÖL • 1 TASSE FEINGEHACKTE ZWIEBELN • 1 EL FEINGEHACKTER KNOBLAUCH • 1 ½ EL FEINGEHACKTER FRISCHER INGWER • 6 GEHACKTE SCHARFE GRÜNE CHILISCHOTEN • ¼ TL CAYENNEPFEFFER • ¼ TL SCHWARZER PFEFFER • 1 ½ EL GEMAHLENER KORIANDER • ½ TL GEMAHLENE FENCHELSAMEN • 1 TL SALZ • 1 EL WEIZENMEHL • ½–1 TASSE WASSER • 2 EL IN BLÄTTCHEN GESCHNITTENE ABGEZOGENE MANDELN

Blumenkohl etwa 10 Minuten in Salzwasser garen. Abkühlen lassen. In einer Bratpfanne 4 Eßlöffel Öl erhitzen, Zwiebel und Knoblauch darin braten, dann Ingwer und Chili dazugeben und mitbraten (etwa 10 Minuten insgesamt). Die restlichen Gewürze und das Mehl unterrühren, zum Schluß das Wasser. Zu einer dicken Paste kochen. Den Blumenkohl in eine feuerfeste Form setzen. Die Paste zwischen die Röschen drücken und über den Blumenkohl streichen. Mandelblättchen über den Blumenkohl streuen und das restliche Öl darüberträufeln. ImOfen bei mittlerer Hitze (180°) ca. 30 Minuten backen, bis die Kruste knusprig ist. Den Blumenkohl auf einer Platte servieren und am besten mit einer kräftigen Tomatensauce übergießen.

Würzige Kartoffelschnecken
(Alu Patra)

4 MITTELGROSSE KARTOFFELN • 2 EL KOKOSRASPEL • 2 TL SESAMSAMEN • 2 TL BRAUNER ZUCKER • 1 TL GERIEBENER FRISCHER INGWER • 2 FRISCHE KLEINGEHACKTE GRÜNE CHILIS • 1 EL KLEINGEHACKTE FRISCHE KORIANDERBLÄTTER • 2 TL GARAM MASALA • 1½ TL SALZ • 2 EL ZITRONENSAFT

TEIG

200 G WEISSES MEHL • ½ TL KURKUMA • ¼ TL CAYENNEPFEFFER • 2 TL ZERLASSENES GHEE • 0,1 L WASSER • GHEE ODER PFLANZENÖL ZUM FRITIEREN

Zunächst die Füllung zubereiten, damit sie abkühlen kann, bis der Teig fertig ist. Kartoffeln garkochen, unter kaltem Wasser abschrecken und schälen, in eine Schüssel geben und zusammen mit den Kokosraspeln und den übrigen Zutaten mit einer Gabel zerdrücken. Die Mischung zum Abkühlen auf ein Blech streichen.

Für den Teig Mehl, Kurkuma und Cayennepfeffer in einer großen Schüssel vermengen. Das zerlassene ghee in das Mehl hineinreiben, langsam das Wasser dazugießen und alles zu einem Teig vermischen. Den Teig auf einer Arbeitsfläche kräftig durchkneten, so daß er geschmeidig und elastisch wird. Auf einer bemehlten Fläche den Teig zu einem Rechteck von 3 mm Dicke ausrollen. Die ausgekühlte Kartoffelmischung gleichmäßig auf dem Teig verteilen. Mit bemehlten Händen das Ganze zu einer festen, kompakten Rolle aufrollen und in 1 cm dicke Scheiben schneiden. Die Scheiben so drücken und formen, daß sie ihre ursprünglichen Konturen zurückerhalten, und auf ein Tablett legen. Ghee bzw. Pflanzenöl in einer karhai oder einem flachen Topf erhitzen. Mehrere Scheiben in das ghee legen und 3 bis 5 Minuten fritieren (zwischendurch einmal umdrehen), bis sie goldbraun werden. Heiß servieren – entweder als Beilage zu einer Hauptmahlzeit oder zusammen mit einem Chutney als Snack.

Bohnen-Kürbis-Curry

300 G WEISSE ODER ROTE BOHNEN • 1 L WASSER • 1 STÜCK FRISCHE ODER GETROCKNETE INGWERWURZEL • 3 GROB GEHACKTE KNOBLAUCHZEHEN • 1 GETROCKNETE ROTE PEPERONI • 1 TL GEMAHLENER KURKUMA • 1 TL KREUZKÜMMEL • 2 NELKEN • 5 PIMENTKÖRNER • 1 STÜCKCHEN ZIMTSTANGE • 500 G KÜRBIS • 1 FRISCHE GRÜNE PEPERONI • 1 GROSSE, GEWÜRFELTE ZWIEBEL • 3 EL ÖL • 125 ML TOMATENSAFT • SAFT VON ½ ZITRONE • 2 EL BUTTER • 1 TL SALZ •2 EL SESAMSAMEN ODER KOKOSFLOCKEN

Bohnen waschen und in 1 Liter Wasser über Nacht quellen lassen. Im Einweichwasser mit dem Ingwer zum Kochen bringen und zugedeckt 1 – 1 ½ Stunden garen. Die Hälfte vom gehackten Knoblauch mit den Gewürzen von roter Peperoni bis Zimtstange im Mörser fein zerstoßen. Kürbis schälen und in Würfel schneiden. Die grüne Peperoni waschen und kleinschneiden. Den Kürbis mit den Zwiebelwürfeln, dem restlichen Knoblauch und der grünen Peperoni im Öl unter Wenden kurz anbraten. Tomatensaft und Zitronensaft zugießen und alles zugedeckt bei schwacher Hitze 15 Minuten dünsten. Butter in einer Pfanne zerlassen, die Gewürzmischung aus dem Mörser zufügen und bei mittlerer Hitze unter Rühren 5 Minuten braten. Bohnen und Gewürzmischung behutsam mit dem Kürbis mischen, salzen und alles 5 Minuten bei schwacher Hitze durchziehen lassen. Sesam oder Kokosflocken in einer trockenen Pfanne goldgelb braten und über den angerichteten Bohnencurry streuen.

Salziger Mürbeteig

250 G WEIZENMEHL • 100 G KALTE BUTTER (SIE KÖNNEN AUCH 150 G NEHMEN) • 1 EI • 2–3 EL WASSER ODER SAHNE (JE NACH BUTTERMENGE) • 1 TL KRÄUTERSALZ • ETWAS PAPRIKAPULVER

Mehl auf ein Brett sieben, die Butter in Stücken darauf verteilen. Mit Ei, Wasser oder Sahne und Salz schnell zu einem Teig verkneten. Teig gut 30 Minuten kühlgestellt ruhen lassen. Dann den Teig ausrollen und nach Bedarf weiterverwenden.

Reis-Mungobohnen-Eintopf

3 EL Pflanzenöl • 3 EL Butter • ½ Tasse grüne Mungobohnen • 1 Tasse Vollreis • 3½ Tassen Wasser oder Gemüsebrühe • 1 TL Kräutersalz (weniger, wenn Sie gekaufte Gemüsebrühe nehmen) • 1 ½ TL Kreuzkümmel • 2 Lorbeerblätter • ½ TL im Mörser grob zerstossene grüne oder schwarze Pfefferkörner • 1 EL frischer gehackter Ingwer (oder Ingwerpulver) • ½ EL gehackte geröstete Cashewnüsse (ersatzweise Sonnenblumen- oder Kürbiskerne)

Die Hälfte des Öls und der Butter in einem Topf erhitzen. Mungobohnen zugeben, unter Rühren 2 Minuten dünsten, Reis zugeben, ein Paar Minuten weiterdünsten. Wasser und Salz bzw. Gemüsebrühe zufügen und unter Rühren zum Kochen bringen. Etwa 30 Minuten köcheln lassen (eventuell etwas Wasser zugeben). Restliches Öl und restliche Butter in einer Pfanne erhitzen, Kreuzkümmel, Lorbeerblätter, Pfefferkörner und Ingwer darin 5 Minuten braten. Die Mischung unter den Bohnenreis rühren und fertig garen. (5 Minuten). Der Reis-Mungobohnen-Eintopf wird mit gerösteten Cashewnüssen serviert, dazu schmeckt eine Tomatensauce. Ich würze das fertige Gericht noch mit etwas Sojasauce und Curry-Paste. Und – da ich keine Brahmanin bin – gebe ich ganz zum Schluß noch eine durchgedrückte Knoblauchzehe darunter.

Würzige Möhrenkroketten

(Gajar vada)

Die Mischung muß dick genug sein, damit die Kroketten beim Fritieren nicht auseinanderfallen. Geben Sie eventuell etwas mehr Kichererbsenmehl dazu, bis sie zusammenhalten.

150 g Möhren • 100 g Kichererbsenmehl • 2 EL grobgehackte Wal- oder Haselnüsse • 1 EL frische Kokosraspel • 2 entkernte und kleingehackte frische Chilis • 1 EL gehackte frische Koriander- oder Petersilienblätter • 1 TL Garam masala • ½ TL Kurkuma • ½ TL Salz • ¼ TL Backpulver • ghee oder Pflanzenöl zum Fritieren

Geputzte und geschälte Möhren fein raspeln und mit allen anderen Zutaten in eine große Schüssel geben. Soviel Wasser dazugießen, daß die Masse dickflüssig genug ist, um beim Fritieren zusammenzuhalten. Das ghee bzw. Pflanzenöl in einer karhai, einem Wok oder einem Kochtopf erhitzen. Einen Eßlöffel der Masse mit dem Finger vom Löffel in das heiße ghee bzw. Öl schieben. Den gleichen Vorgang wiederholen, bis 8–10 vadas im ghee schwimmen. Die Temperatur etwas erhöhen und die vadas oft umwenden, damit sie von allen Seiten schön braun werden. Nach 4–5 Minuten die vadas mit einem Schaumlöffel herausnehmen und gut abtropfen lassen. Gajar vadas heiß oder lauwarm mit einem Gemüsegericht in Sauce oder etwas Naturjoghurt servieren.

Samosas

(Piroggen)

500 g Weizenmehl • 20 g Hefe • ½ EL Honig • ¼ l Milch oder Wasser (knapp bemessen) • 2 EL Butter • 1 Ei • Kräutersalz • Fett zum Ausbacken

Aus den Zutaten einen Hefeteig bereiten und ihn gut gehen lassen. Dann golfballgroße Kugeln formen und daraus runde Plätzchen ausrollen (½ cm dick). Darauf die Füllung streichen, zusammenklappen, Ränder zusammendrücken. Samosas noch einmal 15 Minuten gehen lassen. Dann in heißem Fett knusprig backen.

Blumenkohl-Kartoffel-Curry

(Bhaji)

1 mittelgrosser Blumenkohl • 4 grosse Kartoffeln • ¼–½ Tasse Wasser • 1 TL gemahlener Kurkuma • 2 TL gemahlener Koriander • 1 TL gemahlener Ingwer • 4 mittelgrosse Zwiebeln • 3 Knoblauchzehen • 3 EL ghee • 1 grosse gewürfelte Tomate • ½–1 Tasse Wasser • 1 TL Salz • schwarze Pfefferkörner nach Geschmack • Nelken nach Geschmack • 4–6 Lorbeerblätter • 2 Zimtstangen

Blumenkohlröschen vom Strunk lösen. Kartoffeln schälen und würfeln. Im Wasser Kurkuma, Koriander und Ingwer auflösen. Im heißen ghee kleingeschnittene Zwiebeln und Knoblauch glasig dünsten. Wasser mit den Gewürzen zugeben und aufkochen. Tomatenwürfel, Blumenkohlröschen und Kartoffeln dazugeben, 5 Minuten dünsten, eventuell noch Wasser zufügen. Die restlichen Gewürze hinzufügen, gut verrühren und bei mittlerer Hitze fertiggaren.

Nektarreis
(Khir)

50 g Rundkornreis • 2 ½ l Milch • 2 Lorbeerblätter • 2–3 el Honig nach Geschmack • 2 el geröstete Mandelblättchen • ½ tl im Mörser zerstossener Kardamom

Reis waschen und zum Abtropfen beiseite stellen. In einem Topf mit mindestens 5 Litern Inhalt die Milch zum Kochen bringen und die Hitze so einstellen, daß die Milch ständig hochsteigt und schäumt, aber nicht überkocht. Um die Kochzeit zu verkürzen, sollte die Milch in den ersten 15 Minuten ohne Deckel heftig kochen; währenddessen mit einem Pfannenwender regelmäßig umrühren, damit die dickflüssige Milch nicht anbrennt. Reis mit den Lorbeerblättern in die Milch geben und für weitere 20 Minuten unter sorgfältigem Rühren bei mittlerer Hitze kochen lassen, bis der Reis mit der kochenden Milch aufwallt. Die Milch sollte inzwischen auf zwei Drittel heruntergekocht sein. Jetzt Honig, Mandeln und Kardamom hineinrühren und nochmals 5 Minuten kochen lassen; dann den Topf von der Herdplatte nehmen. Nektarreis sollte nur leicht dickflüssig sein, wenn er vom Herd genommen wird, da er im Kühlschrank noch nachdickt. Vor dem Servieren kalt stellen – je kälter der Nektarreis, desto besser schmeckt er. Um andere klassische Aromen zu erreichen, können Sie anstelle des gemahlenen Kardamoms auch einen Teelöffel Rosenwasser und einige Prisen Safranpulver hineingeben oder auch nur mit Lorbeerblättern würzen und am Ende eine verschwindend kleine Prise echten Kampfer hinzufügen.

Möhrendessert
(Gajar halava)

900 g Möhren • 175 g Butter • ¾ l Milch • 3 el Rosinen • 100 g Honig • 3 el geröstete Mandelblättchen • ½ tl im Mörser zerstossener Kardamom • evtl. Kokosflocken

Möhren waschen, bürsten und fein reiben, in der Butter etwa 10 Minuten dünsten. Milch, Rosinen, Honig und Mandeln zugeben und so lange kochen, bis eine dicke Masse entsteht. Das halava etwa 2,5 cm dick auf eine mit kaltem Wasser abgespülte Porzellanplatte streichen. Mit dem Kardamom bestreuen. Im Kühlschrank erstarren lassen. In Stücke schneiden. Nach Belieben mit feingemahlenen Kokosflocken bestreuen.

Ingwertee

Dieser Ingwertee wird heiß getrunken. Er hat eine tonisierende, magenstärkende Wirkung und facht das Verdauungsfeuer, das agni, an! Der grüne Pfeffer ist besonders vitaminreich.

1 l Wasser • 2 el feingeriebener, frischer Ingwer (ersatzweise getrockneter Ingwer nach Geschmack) • 1 Prise frisch gemahlener grüner Pfeffer • Honig nach Geschmack • 2 el Orangen- oder Zitronensaft

Wasser und Ingwer etwa 10 Minuten kochen. Durch ein Sieb gießen (entfällt bei getrocknetem Ingwer). Pfeffer, Honig und den ausgepreßten Saft zugeben.

Lassi pikant

½ l Wasser • ½ l Naturjoghurt • Kreuzkümmel nach Geschmack (gemahlen oder im Mörser zerstossen) • 2–3 el Zitronensaft oder Orangensaft • 1 Prise Salz

Alle Zutaten im Mixer mixen und eisgekühlt servieren.

Lassi süß

½ l Wasser • ½ l Naturjoghurt • je nach Geschmack: Rosenwasser, Honig, gemahlener Kardamom, ausgepresster Saft von Orangen oder Zitronen, zerdrückte süsse Beeren, Bananen oder sonstige süsse Früchte

Alle Zutaten mixen und eisgekühlt servieren.

Indischer Nougat

(Badam aur pista ka halava)

Achten Sie darauf, diesen halava bis zur erforderlichen Konsistenz herunterzukochen, so daß er beim Abkühlen fest wird.

225 G GEMAHLENE PISTAZIEN, HASELNÜSSE ODER MANDELN • 225 G HONIG • 275 G SAHNE

Die drei Zutaten in einem Topf vermischen und auf mittlerer Stufe erhitzen. Die Mischung soll etwa 15 Minuten sanft vor sich hin kochen. Zu Beginn gelegentlich umrühren, dann um so öfter umrühren, je dicker die Mischung wird. Eventuell die Hitze reduzieren. Wenn die Mischung eine homogene Masse bildet und sich vom Boden des Topfes löst, gibt man sie zum Abkühlen auf ein eingefettetes Blech oder Tablett. Den abgekühlten Teig zu einem 2 cm dicken Rechteck formen. Fest werden lassen und in Stücke schneiden.

Es gibt so unendlich viel Wunderbares kennenzulernen, zu erleben und – zu tun! Ich freue mich ständig wie ein Kind auf all das, was mir in meinem Seminarzentrum begegnet. Zum Beispiel auf Johannes Heimrath. Ihm verdanke ich das bisher größte musikalische und zugleich spirituelle Erlebnis anläßlich seines Gong-Seminars und -Konzerts in unserer Dorfkirche.

Johannes Heimrath, Komponist, Gong-Spieler und -Therapeut, wurde gefragt, wie er es aushalte, immer vor diesen riesigen Gongs zu stehen und die gewaltigen Klänge über sich ergehen zu lassen.

»Gongspielen ist in meiner Sicht eine Spiegelung des ganzen Lebens. Das Geheimnis für Lebenskraft und heile Gesundheit erkenne ich darin, daß sich dieses Leben in seiner Fülle nur BEJAHEN läßt. Jeder Widerstand gegen die unbändige Lust des Lebens, sich fortwährend zu erhalten, ist töricht. Die Kraft, die es kostet, ein Nein gegen das immerwährende Ja des Lebens zu behaupten, fehlt schließlich meinem Körper, meiner Seele, meinem Geist in der Konfrontation des Augenblicks.

So ist für mich die Auseinandersetzung mit den Gong-Klängen eine stete Praxis dessen, was ich gerade so leicht gesagt habe. Ich versuche, die mächtige Energie der Klänge anbranden zu lassen, sämtliche Schleusen in mir vollständig zu öffnen, damit die Woge hindurchbrausen kann. Ich setze ihr kein Nein entgegen. So erfahre ich womöglich Reinigung anstelle eines Dammbruchs, spüre ich Belebung anstelle von Schwächung, bin ich dem Leben nah, statt fern und isoliert Schmerzen zu leiden.«

Ich kann mich diesem Ausspruch nur dankbar anschließen.

WINTER

ALLGEMEINE TIPS, DAMIT SIE GESUND BLEIBEN - ODER WIEDER WERDEN!

Die Nahrung sollte so natürlich wie möglich sein (siehe Kollath-Tabelle Seite 132/133).
Dr. med. O. M. Bruker empfiehlt täglich 4 Dinge zu meiden und 4 Dinge zu sich zu nehmen, wenn sie gesund bleiben oder wieder gesund werden wollen:

Was Sie meiden sollten:

1. Jede Fabrikzuckerart (weißer oder brauner Zucker, Traubenzucker, Fruchtzucker etc.) und damit gesüßte Nahrungsmittel;
2. Auszugsmehl und alle Produkte daraus (das heißt, alle Mehlprodukte, die nicht aus Vollkorn hergestellt sind);
3. Industriefette (z. B. Margarine, spezielle Bratfette, erhitzte Öle);
4. Säfte, gekochtes Obst (gilt besonders für Leber-, Galle-, Magen-, Darmempfindliche).

Was Sie täglich essen sollten:

1. Frisches rohes Getreide (als Vollkornbrei);
2. Vollkornprodukte (Vollkornbrot, Vollkornnudeln, Vollkorngebäck);
3. Frischkost (Salate aus rohem Obst und Gemüse);
4. natürliche Fette (Butter, Sahne, kaltgepreßte Öle).

In meinen Koch- und Backkursen bemerke ich immer wieder das Erstaunen der Menschen darüber, wie wenig man zum Leben braucht, wie einfach diese Dinge zu beschaffen sind und wie wohlschmeckend sie zubereitet werden können. Was brauchen wir? Getreide, Kartoffeln, Hülsenfrüchte, einheimisches Gemüse und Obst der Jahreszeit. Wer es nicht versucht hat, macht sich keine Vorstellung davon, wie wunderbar es sich mit Roten Rüben, Möhren, Sellerie, Kraut und Hülsenfrüchten wie Linsen und Bohnen, ergänzt durch Getreide, über den Winter kommen läßt.

Darüber hinaus können Sie Ihr Wohlbefinden das ganze Jahr hindurch mit folgenden kleinen Tips erhalten oder steigern.

Was in den Wechseljahren guttut:

▷ Salbeitee (gegen Hitzewallungen)
▷ Mungobohnen (möglichst roh und gekeimt, enthalten natürliches Östrogen ebenso wie der Hopfen im Bier und das Moorbad)
▷ Sesam – sehr kalziumreich; aber alles Kalziumschlucken hilft nichts, wenn nicht genügend Vitamin D vorhanden ist, um es verwertbar zu machen. Deshalb muß immer wieder die Wichtigkeit einer vollwertigen Ernährung betont werden.

Ein reiner Frischkost-Tag gelegentlich oder ein Fastentag, kombiniert mit einem Einlauf, wirkt Wunder. Vorbeugend gegen alle möglichen Wehwehchen, auch bei drohender »Erkältung«. Der Tod sitzt im Darm!

Wichtig auch *der wöchentliche Sauna-Besuch*. Wer zur Sauna hingehen kann, kann auch hineingehen (finnisches Sprichwort).

Eine Handvoll Wildkräuter – je nach Jahreszeit – sichert Ihren Bedarf an Mineralstoffen und kann durch keine Pille ersetzt werden. Laben Sie sich an Löwenzahnblättern, Brunnenkresse, an der Wunderpflanze Brennessel, an Sauerampfer, Bärlauch, Spitzwegerich und Bärenklau – 100 g Brennesseln z. B. enthalten 200–300 mg Vitamin C (zum Vergleich: 100 g Orangen enthalten nur 12 mg!)

Aus Indien stammt der Tip, *VOR dem Essen zu trinken und WÄHREND des Essens*, entgegen allen anderen Ernährungsempfehlungen. Auf keinen Fall nach dem Essen!

Denn: Wer vor dem Essen trinkt, vor allem warmes Wasser, nimmt ab – wer nach dem Essen trinkt, nimmt zu ... Man kommt aus dem Staunen nicht heraus.

Sehr zu empfehlen: nach dem Essen ein paar Fenchel- oder Kümmelsamen knabbern, beides wirkt *verdauungsfördernd.* Auf dem Mount Abu (Seite 121) standen beide Gewürze immer in Schälchen bereit, man gewöhnt sich schnell an diese Sitte.

Eine Farbenberatung kann Wunder in Ihrem Leben vollbringen, ebenso die Edelsteinberatung. Machen Sie das beste aus Ihrem Typ – tragen Sie die für Sie richtigen Farben und steigern Sie auch damit Ihr Selbstwertgefühl!

Täglich *Yoga* und *autogenes Training* oder gar eine *Meditation* sind von unschätzbarem Wert für Ihr Wohlbefinden.

Das richtige *Wirbelsäulentraining* – wie sitze, gehe, stehe und liege ich richtig? – löst Spannungen und Verkrampfungen.

Kurieren Sie sich *bei kleineren Unpäßlichkeiten* mit homöopathischen Mitteln oder mit Bach-Blüten (siehe auch das Buch »Blüten, die über die Seele heilen« von Dr. Edward Bach). Die »Notfalltropfen« sollten in keiner Handtasche fehlen!

Schlafen Sie im *gesunden Bett,* frei von Metall, nicht auf geopathischen Zonen, im richtigen Bettzeug, mit Netzfreischalter, ohne Radiowecker etc.? Wenn nicht, sofort ändern (siehe auch »Mein Gesundheitsbuch«).

Verwenden Sie nur *Naturkosmetik,* für die keine Tierversuche mehr gemacht werden!

Wenn Sie vom Kaffee loskommen wollen, hilft grüner Tee (darf nur 35 Sekunden ziehen), oder der Pai-Mu-Tan-Tee, der auch bei der Reisdiät verwendet wird (erhältlich im Bioladen oder Reformhaus).

Grüner Hafertee hilft *bei Schlafproblemen.* Ebenso ein kaltes Fußbad, Beine nur trockenschütteln und unabgetrocknet ins Bett. Oder langsam von 50 bis 0 zählen!

Bei *Zahnfleischproblemen* hilft tägliches Gurgeln und Spülen mit Sesamöl oder Sonnenblumenöl. Das Öl 15–20 Minuten (!) lang im Mund behalten, durch die Zähne ziehen bzw. saugen, dann ausspucken und mit Wasser nachspülen. Das Öl sollte dann weißlich sein.

Bei *Zahnschmerzen* beruhigt es den Zahn, wenn man eine Gewürznelke kaut. Ist der Zahn entzündet, kann ihn unter Umständen sogar regelmäßiges Einreiben mit Schwedenbitter retten. (Auf einen Wattebausch träufeln, diesen an den schmerzenden Zahn legen und so lange wie möglich im Mund behalten, am besten über Nacht.)

Die *Zähne werden weiß,* auch ohne Zahnpasta, durch Putzen mit einem selbstgemachten Zahnpulver aus Meersalz und Holzkohle. 1 Teil Meersalz, 10 Teile Holzkohle (beides ist in der Apotheke erhältlich).

Zur Blutdruck-Regulierung und Kreislauf-Anregung eignen sich hervorragend Paprika und Chilis – sie steigern den Kreislauf und die Herztätigkeit.

Anregend auf Speichelfluß und *Verdauung* wirken Paprika, Pfeffer, Senf, Curry und Ingwer.

Ein frisches Eigelb mit etwas Rotwein verquirlt, ist ein wunderbares *Stärkungsmittel.*

Gut im Sommer:

▷ *Gegen Bienen- und Insektenstiche* helfen Einreibungen mit durchgeschnittenen Zwiebeln oder Knoblauch; auch als heilende (antiseptische) Auflage bei beginnenden Fieberbläschen (Herpes).

▷ Wenn Sie Holunderblätter in Wasser aufkochen, die Flüssigkeit erkalten lassen, abseihen und sich damit einreiben, hält das die *Mücken fern.*

Menü

Wintersalat
Kartoffelauflauf mit Spinat
Süsse gefüllte Hefeklösse

Wintersalat

1 grosse feingeraspelte Rote Bete • 1 grosser weisser, grobgestiftelter Rettich • 100 g blättrig geschnittene Champignons • 1 kleiner Kopf Radicchio • einige Büschel Feldsalat • Keime und Sprossen nach Wahl

Sauce

200 g Sahne • Salz • Pfeffer • 1 TL Tamari • 1 kleine, gehackte Knoblauchzehe • ½ TL Rote-Bete-Saft

Sahne ziemlich steifschlagen, mit den Gewürzen vorsichtig vermischen und mit dem Rote-Bete-Saft rosa färben. Die Salatzutaten, jede Sorte für sich, auf Tellern anrichten, mit den Keimen und Sprossen überstreuen. Einen Klacks Sauce darauf setzen.

Kartoffelauflauf mit Spinat

750 g Kartoffeln • 1 Zwiebel • 2 EL Öl • 750 g Spinat • Kräutersalz • Pfeffer • Muskat • gehackter Knoblauch • 2 EL Sahne • 4 EL geriebener Käse oder mehr • Butterflöckchen

Die Kartoffeln kochen, pellen und in Scheiben schneiden. Die Zwiebel fein hacken, in dem Öl golden dünsten. Den gewaschenen Spinat hineingeben und zusammenfallen lassen. Mit Kräutersalz, Pfeffer, Muskat und Knoblauch würzen, die Sahne unterziehen. Die Kartoffelscheiben mit Kräutersalz und Pfeffer abschmecken.
In eine gefettete, feuerfeste Form abwechselnd Kartoffeln, Spinat und geriebenen Käse füllen, letzte Schicht Kartoffeln. Mit geriebenem Käse bestreuen und Butterflöckchen draufsetzen. In vorgeheiztem Ofen bei 200° etwa 30 Minuten überbacken.

Süße gefüllte Hefeklöße
(Germknödel)

350 g Weizenmehl • 20 g Hefe • 1 Tasse lauwarmes Wasser • 1 EL Honig

Füllung

2 EL gehackte Mandeln • 2 EL gehackte Walnüsse • Honig nach Geschmack

Hefeteig zubereiten und gehen lassen. Zu einer Rolle formen, in Scheiben schneiden und jede Scheibe flachdrücken. Mandeln, Nüsse und Honig mischen, 1 Eßlöffel davon jeweils auf eine Hefescheibe geben. Diese zu einem Kloß zusammendrücken und noch einmal gehenlassen. Die Klöße in kochendes Salzwasser legen und 20 Minuten ziehen lassen. Dazu paßt eine Vanille- oder Fruchtsauce, oder die Klöße mit zerlassener Butter übergießen und mit Mohn bestreuen.

Leise rieselt der Schnee.
Still und starr liegt der See.
Weihnachtlich glänzet der Wald.

Menü

Lauwarmer Linsensalat
Ulrikes Wintersuppe
Überbackenes Sauerkraut
Kastaniencreme

Lauwarmer Linsensalat

200 g geschälte Linsen • 1½ l Gemüsebrühe • 1 grosse in Würfel geschnittene Zwiebel • Obstessig • Salz • Pfeffer • ½ Tasse Sonnenblumenöl • 1 Prise Kreuzkümmel

Die Linsen in der Brühe weichkochen, abgießen. Sofort mit den anderen Zutaten vermischen und lauwarm servieren.

Ulrikes Wintersuppe

2 grosse Möhren • ½ Knollensellerie • 2 Petersilienwurzeln • 4 grosse Kartoffeln • 4 EL geschroteter Dinkel (mit doppelter Menge Wasser 3–4 Stunden quellen lassen) • 1 Stange Lauch • 1 grosse Zwiebel • etwas Öl • Salz • Pfeffer • Thymian • Oregano • Kümmel • 1 gehäufter EL Trockenpilze • 1 Bund gehackte Petersilie • 100 g geschlagene Sahne

Möhren, Sellerie, Petersilienwurzel fein raffeln, Lauch, Zwiebel und Kartoffeln in Würfel schneiden. Jeweils 4 Eßlöffel Möhren und Sellerie beiseite stellen. Gemüse in etwas Öl andünsten, mit 1 l Wasser aufgießen, Gewürze, Kartoffelstücke und Trockenpilze dazugeben und ca. 20 Minuten kochen lassen.
Den geschroteten Dinkel unterrühren, falls nötig, noch Flüssigkeit zugeben. Kurz vor dem Servieren das zurückbehaltene Gemüse und die gehackte Petersilie unterrühren und noch einige Minuten garziehen lassen. Nochmals abschmecken und mit einem Sahnehäubchen anrichten.

Überbackenes Sauerkraut

2 grosse in Streifen geschnittene Zwiebeln • 1 EL Butter • 500 g geraffelte Kartoffeln • 200 g saure Sahne • 750 g Sauerkraut • Salz • Pfeffer • gestossene Wacholderbeeren • 100 g geriebener Käse

Zwiebelstreifen in Butter andünsten, die geraffelten rohen Kartoffeln zugeben, alle anderen Zutaten bis auf ca. 25 g Käse unterrühren. In einer gefetteten Auflaufform bei 200° etwa 40 Minuten backen. Nach 30 Minuten den restlichen Käse darüberstreuen.

Kastaniencreme

500 g Kastanien • 1 TL Vanille • ½ l Milch • 1 Banane • Saft von 1 Orange • 2 EL Honig • 1 EL Rum • 100 g geschlagene Sahne

Bei 250° die eingeschnittenen Kastanien auf einem nassen Blech ca. 20 Minuten backen, bis die Schale aufspringt; schälen, in der Milch mit der Vanille etwa 45 Minuten weich köcheln. Kastanien pürieren, Banane mit Orangensaft und Honig zerdrücken, Rum hinzufügen. Schlagsahne vorsichtig unterheben. In Schälchen anrichten, mit einem Tupf Schlagsahne garnieren.

Menü

Sauerkrautsalat
Indische Currysuppe mit Mandeln
Wirsing auf Hirse
Mohnpielen

Sauerkrautsalat

2 grosse Äpfel • 1 feingehackte Zwiebel • 400 g Sauerkraut • 1 TL Kümmel • 4 gestossene Wacholderbeeren • 1 EL Obstessig • 1 EL Paprika • Salz • Pfeffer • 200 g saure Sahne

Äpfel mit Schale reiben, mit der Zwiebel unter das Sauerkraut mischen. Die restlichen Zutaten zu einer Sauce verrühren und den Salat eine Weile darin ziehen lassen.

Indische Currysuppe mit Mandeln

3 EL Weizenmehl oder -schrot • 1½ l Milch • 1 EL gekörnte Gemüsebrühe • 1 kleingeschnittene Zwiebel • 1 kleingeschnittene grüne Pfefferschote • 2 EL Sonnenblumenöl • Kräutersalz • Pfeffer • Knoblauch • Curry • 200 g gehackte, süsse Mandeln • 125 g Sahne • ½ TL Honig • Mandelsplitter

In einer trockenen Pfanne Mehl oder Schrot kurz rösten, abkühlen lassen. Die Milch unter Rühren zugießen, gekörnte Würze zugeben, einige Minuten köcheln lassen. Zwiebel und Pefferschote in dem Öl golden dünsten, in die Suppe geben. Mit Kräutersalz, Pfeffer, Knoblauch und reichlich Curry abschmecken. Die süßen Mandeln in einer trockenen Pfanne rösten. Sahne mit dem Honig steifschlagen, unter die Suppe ziehen und Mandelsplitter darüberstreuen.

Wirsing auf Hirse

1 Möhre • 1 kleine Stange Lauch • 1 kleine Zwiebel • 1 Petersilienwurzel • 1 Stück Knollensellerie • 4 Tassen Wasser • Salz • 2 Tassen Hirse • 1 kleiner Wirsing • 1,5 l Gemüsebrühe • 4 EL Vollkornbrösel • 4 EL Butter

Gemüse in kleine Würfel schneiden, im Salzwasser aufkochen und die Hirse einrieseln lassen, bei kleinster Hitze ca. 20 Minuten ausquellen. Inzwischen den Wirsing zubereiten. Wirsing in vier Teile schneiden und in Gemüsebrühe fast weichkochen. Zum Schluß die Vollkornbrösel in der Butter leicht anbräunen und über den Wirsing geben.

Mohnpielen

250 g gemahlener Mohn • ½ l Milch • 1 Prise Meersalz • etwa 3 EL Honig • 50 g Rosinen • 40 g gehackte Mandeln • 12 Vollkornzwiebäcke • 200 g geschlagene Honigsahne

Mohn in eine Rührschüssel schütten. Milch mit Salz im Topf erwärmen, mit dem Honig gut verrühren. Die Hälfte der Honigmilch über den Mohn gießen. Rosinen und Mandeln unterrühren. Zwiebäcke in einer zweiten Schüssel zerbröseln, restliche Honigmilch drübergießen. In eine Glasschüssel immer abwechselnd eine Schicht Zwiebackmasse und eine Schicht Mohnbrei füllen; die oberste Schicht soll Mohnbrei sein. In den Kühlschrank stellen und die Mohnpielen gut durchziehen lassen. Mit Honigschlagsahne servieren.
Sie können die Mohnpielen auch gleich in Portionsgläser füllen, darin abkühlen lassen und mit einem Honigschlagsahnehäubchen servieren.

Menü

Asiatischer Spinatsalat
Topinamburcremesuppe
Indisches Brokkoligemüse mit Shiraysauce
und Kokoschutney
Gefüllte Egerlinge
Dänische Apfeltorte mit Marzipan

von Devanando Weise

Asiatischer Spinatsalat

250 g frischer Spinat • 75 g Möhren • 75 g Bleichsellerie • 75 g Radieschensprossen

Dressing

5 EL Sesamöl • 1 EL geröstetes Sesamöl • 1 TL Umesu • ½ TL Sojasauce • ½ TL Senf • ½ TL frischer, geriebener Ingwer • Pfeffer

Spinat in Streifen schneiden. Möhren mittelgrob raspeln und den Bleichsellerie in dünne Scheiben schneiden.
Aus den übrigen Zutaten ein Dressing bereiten und mit Spinat, Sprossen, Möhren und Sellerie vermischen.

Topinamburcremesuppe

1 große kleingehackte Zwiebel • 1 Knoblauchzehe • Butter • 1 l Gemüsebrühe • 6 Topinamburknollen • 250 g Egerlinge oder Champignons • Butter zum Anbraten • 100 g frische, grüne Erbsen • Pfeffer • Salz • Zitronensaft • 1 Bund Schnittlauch

Zwiebel und durchgepreßten Knoblauch in Butter anbraten. Mit Gemüsebrühe ablöschen und darin den in Scheiben geschnittenen Topinambur garen. Mit dem Mixstab pürieren. Die Pilze in dünne Scheiben schneiden und in Butter braten. Mit den Erbsen in die Suppe geben. Mit Salz, Pfeffer und Zitronensaft abschmecken und mit lang geschnittener Petersilie servieren.

Indisches Brokkoligemüse mit Shiraysauce

250 g Brokkoli • 250 g Möhren • 2 Paprikaschoten

Sauce

1 feingeschnittene Zwiebel • Butter • 1 cm frische Ingwerwurzel • 1 frische entkernte Pfefferschote • 4 enthäutete Tomaten • ¼ Bund Petersilie • 1 Knoblauchzehe • ½ TL Kurkuma • 1 TL Koriander • 1 Messerspitze Kardamon • 1 EL Weizenmehl • 1 TL gekörnte Gemüsebrühe • Salz • Pfeffer • 50 ml Wasser • 100 g Sahne

In Stücke geschnittenes Gemüse al dente dünsten. Zwiebel in Butter bräunen. Den in feine Streifen geschnittenen Ingwer und die gehackte Pfefferschote hinzufügen und noch einige Minuten weiterdünsten. Tomatenstücke, Petersilie, Gewürze, Mehl und Brühe mit der Zwiebelmischung pürieren. Eventuell etwas Wasser hinzufügen. Den Brei mit dem restlichen Wasser in einem Topf ein wenig köcheln lassen, damit die Sauce dickt. Mit Sahne verfeinern und abschmecken. Die Sauce über das Gemüse gießen und mit Reis servieren.

Kokoschutney

1 rote Paprikaschote • 1 rote Chilischote mit den Kernen • 100 g Kokosflocken oder frische Kokosnuss • 2 cm frische Ingwerwurzel • 1 Knoblauchzehe • 1 Tomate • Salz • Pfeffer

Die Zutaten am besten in der Küchenmaschine mit dem Hackmesser pürieren und zu Brokkoligemüse und Shiraysauce reichen.

Gefüllte Egerlinge

12 mittelgrosse Champignons oder Egerlinge • 100 g gekochte Kichererbsen • 100 g Sonnenblumenkerne • 1 Knoblauchzehe • 5 EL Wasser • 50 g geriebener Käse (Emmentaler, Butterkäse) • 50 g gequollenes Sojagranulat • 1 Bund Petersilie • 1 Bund Dill • Salz • Pfeffer • 1 EL Zitronensaft • 1 TL gekörnte Gemüsebrühe • 1 Ei

Die Stiele aus den Pilzen vorsichtig herausdrehen und mit den Kichererbsen, Sonnenblumenkernen, Knoblauch und Wasser im Mixer pürieren. Das Sojagranulat und alle anderen Zutaten hinzufügen. Alles gut vermischen. Die Masse in die Champignon- oder Egerlingehütchen füllen, in eine feuerfeste Form setzen und bei 180° etwa 10 Minuten backen.

Dänische Apfeltorte mit Marzipan

75 g Butter • 120 g Dinkelmehl • 1 EL kaltes Wasser • 25 g Honig

<u>Füllung</u>

50 g Butter • 75 g Honig • 1 Ei • 2 EL Dinkelmehl • 250 g kleine Apfelstücke • 25 g gehackte Mandeln • 100 g Honigmarzipan

Butter und Mehl zusammenkneten, mit Wasser und Honig zu einem festen Teig formen. Eine Springform damit auskleiden. Für die Füllung Butter und Honig verrühren, das Ei dazugeben und verquirlen. Mehl, Mandeln und Apfelstückchen daruntermengen und die Masse auf dem Tortenboden verteilen.

Das Marzipan in kleine Stückchen schneiden und über die Torte streuen. Die Torte ca. 50 Minuten bei 190° backen. Schmeckt am besten mit Schlagsahne.

Menü

DREIERLEI MOUSSE VON GEMÜSEN MIT SENFVINAIGRETTE
KASTANIENSUPPE
BUCHWEIZENLAIBERL MIT SALBEIBLATT
GEWÜRZBIRNEN MIT WEISSEM ZIMTEIS
PINIENTORTE
FEIGEN IN KLARER ROTWEINSAUCE

von Gabi und Christl Kurz

Dreierlei Mousse von Gemüsen mit Senfvinaigrette

200 G MÖHREN • 200 G BLUMENKOHL • 200 G BROCCOLI • 150 G KALTE BUTTER

SENFVINAIGRETTE

2 EL ZITRONENSAFT • 1 EL GEMÜSEFOND • 2 EL SAUERRAHM • 2 EL SONNENBLUMENÖL • 1 MESSERSPITZE BLÜTENHONIG • 2 TL MITTELSCHARFER SENF • 1 PRISE KRÄUTERSALZ • WEISSER PFEFFER AUS DER MÜHLE • 1 EL FEINGEHACKTE SCHALOTTEN • ETWAS SCHNITTLAUCH ODER KRESSE ZUM BESTREUEN

Gemüse putzen, waschen, grob zerkleinern und jede Sorte über Dampf separat weichgaren. Im Mixer die noch heißen Gemüse, mit jeweils 50 g Butter, glattpürieren. Die 3 Gemüsepürees 1 Stunde sehr kalt stellen.
Aus den angegebenen Zutaten eine Vinaigrette rühren. Pro Teller von jeder Mousse 1 Nocke abstechen, mit der Vinaigrette umgießen und mit etwas Schnittlauch oder Kresse garnieren.

Kastaniensuppe

30 G MÖHREN • 30 G LAUCH • 50 G KARTOFFELN • 50 G PETERSILIENWURZEL • 60 G GESCHÄLTE KASTANIEN • 1 LORBEERBLATT • 3 EL SONNENBLUMENÖL • 1 MESSERSPITZE BLÜTENHONIG • 0,75 L GEMÜSEFOND • 250 G GESCHLAGENE SAHNE • KRÄUTERSALZ • WEISSER PFEFFER AUS DER MÜHLE • MUSKAT • ETWAS ZITRONENSAFT

EINLAGE

1 EL FEINE MÖHRENSTREIFEN • 1 EL FEINE LAUCHSTREIFEN • 1 EL FEINE SELLERIESTREIFEN • 2 EL BUTTER

Gemüse putzen und waschen, Kartoffeln schälen. Alles in Würfel schneiden und mit den Kastanien (8 Kastanien für die Einlage beiseite legen) und dem Lorbeerblatt im Öl und etwas Blütenhonig dünsten. Mit dem Gemüsefond ablöschen und bei mittlerer Hitze leicht kochen lassen, bis die Gemüse weich sind. Im Mixer pürieren und durch ein grobes Sieb passieren. Kurz vor dem Servieren mit Salz, Pfeffer, Muskat und Zitronensaft abschmecken und die Schlagsahne unterziehen. Die zurückbehaltenen Kastanien in Butter kurz schwenken, ebenso die Gemüsestreifen. In vorgewärmten Tellern je 1 Butternockerl, 2 Kastanien und einige Gemüsestreifen mit der Kastaniensuppe übergießen.

Buchweizenlaiberl mit Salbeiblatt

1 IN WÜRFEL GESCHNITTENE ZWIEBEL • ½ BUND MAJORAN • 2 SALBEIBLÄTTER • 2 EL SONNENBLUMENÖL • 150 G BUCHWEIZEN • 0,25 L GEMÜSEFOND • KRÄUTERSALZ • 1 EI • EVTL. 1–2 EL QUARK • 4 LORBEERBLÄTTER • UNGEHÄRTETES KOKOSFETT ZUM BRATEN

Zwiebel, Majoran und Salbei in Öl glasig dünsten. Buchweizen ohne Fett kurz anrösten, mit Gemüsefond aufgießen und 20 Minuten quellen lassen. Kräutersalz und Ei dazugeben. Eventuell Quark dazugeben, um die Bindung zu verbessern. 4 Laibchen formen, auf jedes 1 Lorbeerblatt geben und mit dieser Seite zuerst, im heißen Kokosfett lichtgelb backen.

Pinientorte

150 g kalte Butterwürfel • 300 g Dinkelmehl •
150 g Honig • 1 Prise Vollmeersalz

Füllung
4 Eigelb • 150 g Honig • 2 EL Dinkelmehl •
0,4 l Milch • Vanille • 50 g Pinienkerne

Butterwürfel mit dem Mehl rasch zerkrümeln. Honig und Salz unterkneten. Mit der Hälfte des Teiges eine gebutterte Springform auskleiden. Den Boden blind backen.
Für die Füllung Eigelbe mit Honig schaumig rühren. Milch mit Mehl aufkochen, Vanille zugeben und mit der Eischaummasse bis kurz vor den Siedepunkt bringen. Vom Herd nehmen und auskühlen lassen. Creme in den vorgebackenen Boden füllen und die 2. Teighälfte als Deckel obenauf setzen, gut andrücken, damit keine Füllung herausquellen kann. Oberfläche mit Pinienkernen bestreuen und bei 175° ca. 40 Minuten backen. Mit Mehl bestäubt anrichten.

Gewürzbirnen mit weißem Zimteis

3 kg kleine, feste Birnen • Saft von 1 Zitrone •
½ l Weissweinessig • 0,7 l Weisswein • 500 g Honig •
10 Zimtstangen • 2 EL ganze Nelken •
Agar-Agar

Zimteis
⅛ l Milch • 125 g Sahne • 3 Eigelb • 1 EL Kleehonig •
2 Zimtstangen

Birnen dünn schälen, Blüten herausstechen und die grüne Haut von den Stengeln schaben. Früchte in reichlich Wasser mit Zitronensaft legen, damit sie hell bleiben. Essig, Weißwein, Honig und Gewürze aufkochen, 5 Minuten leise sieden lassen. Die Birnen in 2–3 Portionen nacheinander darin etwa 15 Minuten garziehen lassen, bis sie glasig sind. In einen Durchschlag geben, Saft auffangen und gut abgetropft mit möglichst kleine Zwischenräume in Twist off Gläser legen. Gewürzsirup mit dem Saft noch 10 Minuten sprudelnd kochen. Angerührtes Agar-Agar dazugeben und einmal aufkochen. Den Sud kochendheiß über die Birnen löffeln, bis diese davon bedeckt sind. Gläser sofort verschließen.
Für das Eis die Milch leicht erwärmen (ca. 45°), Zimtstangen hineinlegen und 24 Stunden ziehen lassen. Eigelbe mit Honig aufschlagen, bis eine helle schaumige Masse entsteht. Zimtstangen aus der Milch entfernen und die Milch mit der Sahne bis kurz vor den Siedepunkt erhitzen. Eimasse dazugeben und unter Rühren kurz aufwallen lassen, bis etwas Bindung entsteht. Masse abkühlen lassen und in der Eismaschine zu Eis rühren. Im Tiefkühlgerät kann die Masse ebenso gefrieren. Dann alle 20 Minuten herausnehmen und mit dem Schneebesen die gefrorene Masse vom Schüsselrand nach innen in die meist noch flüssige Masse rühren, nur so entstehen kleine Eiskristalle und das Eis wird cremig.

Feigen in klarer Rotweinsauce

Für 10 Personen

¼ l kräftiger Gemüsetee • ¼ l Rotwein •
3 zerdrückte Lorbeerblätter • 5 Wacholderbeeren •
3 TL Pfeilwurzmehl • Kräutersalz • Pfeffer •
5 Feigen

Alle Zutaten bis auf das Pfeilwurzmehl auf die Hälfte reduzieren. Mit Pfeilwurzmehl binden.
30 Lauchzwiebeln putzen, die Würzelchen nach Möglichkeit nicht entfernen, nur kürzen, von der grünen Seite her kreuzförmig einschneiden. In Öl von beiden Seiten goldgelb braten (pro Person 3 Lauchzwiebeln). 5 Feigen in der Rotweinsauce kurz mitgaren. Pro Person 2 Viertelstücke Feigen geben.

Menü

Feldsalat mit Orangenfilets
Buchweizenblinis mit Rote Bete-Gemüse
Thymianlinsen
Bratäpfel mit Weinschaum

Feldsalat mit Orangenfilets

2 grosse Orangen • 200 g Feldsalat • 1 Handvoll gehackte Walnüsse • 1 el Sonnenblumenkerne

Sauce

4 el Nussöl • 2 el Zitronensaft • 1 kleine, feingehackte Zwiebel • Salz • Pfeffer • 100 g Sahne

Orangen filieren und mit dem Feldsalat vermengen. Die Zutaten für die Salatsauce gut verrühren, über den Salat gießen und mit den Nüssen und Kernen bestreuen.

Buchweizenblinis mit Rote Bete-Gemüse

100 g feingemahlener Dinkel • 50 g feingemahlener Buchweizen • ca. 1 Tasse Milch (oder Sahne mit Wasser gemischt), evtl. etwas mehr • 2 Eier • Salz • Pfeffer • Fett zum Backen • grobgehackte Nüsse und Mandelblättchen zum Füllen

Rote Bete-Gemüse

2 grosse Rote Bete • ¼ l Sud mit Zwiebeln, Essig, Koriander, Meerrettich, Salz, Pfefferkörnern, Kümmel, Lorbeerblatt • Butter • Pfeffer

Mehl, Flüssigkeit, Eier und Gewürze zu einem dünnen Teig verquirlen, etwa 15 Minuten quellen lassen.
Rote Bete in Stifte schneiden, im Sud al dente kochen, abgießen, in etwas Butter schwenken, mit Pfeffer bestreuen. Wenn alles vorbereitet ist, in einer Pfanne Fett erhitzen und die Blinis dünn und knusprig ausbacken. Mit grobgehackten Nüssen oder Mandelblättchen füllen und mit dem Gemüse anrichten.

Thymianlinsen

400 g Linsen • Gemüsebrühe • 2 el Butter • 1 grosse, feingehackte Zwiebel • 2 gehackte Knoblauchzehen • Thymian • 1 tl scharfer Senf • 6 feingehackte Kapern • 1 Lorbeerblatt • 1 Stückchen Zitronenschale • 1 el Essig • Salz • Pfeffer • eventuell etwas Sahne

Linsen über Nacht einweichen, gut bedeckt mit Gemüsebrühe weichkochen. Die Butter schmelzen, zuerst Zwiebel und Knoblauch darin andünsten, Thymian, Senf, Kapern, Lorbeerblatt, Zitronenschale dazugeben. Mit Essig ablöschen und mit etwas Linsensud zu einer Sauce kochen. Die abgegossenen, weichgekochten Linsen dazugeben, mit Salz und Pfeffer abschmecken. (Schmecken wieder aufgewärmt sehr gut!) Eventuell mit etwas Sahne legieren.

Bratäpfel mit Weinschaum

4 grosse Äpfel • 50 g Honigmarzipan • 3 el Honig • 2 el Sesam • 2 el gemahlene Haselnüsse • 1 el saure Sahne • etwas Zimt, Vanille, Rum

Weinschaum

¼ l Süsswein oder Cream Sherry • 1 el Honig • 3 Eigelb • 1 ganzes Ei

Äpfel mit einem Ausstecher großzügig vom Kerngehäuse befreien. Die übrigen Zutaten zu einem Brei vermischen und die Äpfel damit füllen, oben soll ein Häubchen stehen bleiben. Bei 180° 40 Minuten im Ofen backen. Wenn die Äpfel fast gar sind, alle Zutaten für den Weinschaum im Wasserbad mit einem Schneebesen oder Handrührgerät schaumig schlagen. Noch warm zu den Äpfeln servieren.

MILCHPRODUKTE – JA ODER NEIN?

Das ist eine der am häufigsten gestellten Fragen. Im Grunde ist die Milch von der Natur für den Säugling gedacht; die Muttermilch für das Menschenkind, die Kuhmilch für das Kälbchen, die Löwenmilch für das Löwenjunge und so weiter. Der Mensch ist das einzige Lebewesen, das sich einbildet, sein Leben lang Milch trinken zu müssen, noch dazu die Milch einer anderen Art. Immer mehr Menschen sind heute gegen Milchprodukte allergisch. Folgen übertriebenen Milchkonsums sind Störungen im Atmungs- und Bewegungsbereich. Wenn Ihr Kind dauernd erkältet ist oder Sie zu Gicht und Rheuma neigen, setzen Sie die Milchprodukte ab – die Erfolge stellen sich meistens prompt ein.

Gegen Milchprodukte in Maßen ist sicher nichts einzuwenden. Nach Kollath verhalten sich Getreide und Milch synergetisch, das heißt sie ergänzen sich nicht nur, sondern sie werten sich sogar gegenseitig auf. Am gesündesten dürften die Milchprodukte in gesäuerter Form sein. In den Balkanländern wird bekanntlich viel Joghurt gegessen. Mein Freund Dr. Iliev ist der Meinung, daß dem Bacillus bulgaricus im bulgarischen Joghurt die Langlebigkeit vieler Balkanbewohner zu verdanken ist. Bulgarien liefert ganze Flugzeugladungen voll von diesem Bakterium zum Beispiel nach Japan. Es ist gut möglich, daß die im Joghurt enthaltenen Milchsäurebaktereien eine darmpflegende und somit lebensverlängernde Wirkung haben. Das behauptet jedenfalls der russische Gerontologe Metschnikow, Vater des Slogans »Der Tod sitzt im Darm«.

Auch in der indischen Küche wird verhältnismäßig viel Milch verwendet, in Form von Joghurt und zur Bereitung von Süßspeisen und Getränken (Lassi, Rezepte Seite 100). Und dies, obwohl die Kuh, als heiliges Tier, nicht geschlachtet werden darf! Es geht also auch so, ohne Massentierhaltung. Wieder einmal: »dosis facet venenem« – die Dosis macht, was giftig ist.

Menü

SAUERKRAUTSALAT MIT SPROSSEN
GESCHICHTETER GETREIDEBRATEN MIT GEMÜSE UND MEERRETTICHSAUCE
ADVENTKUCHEN

von Helga Kandler

Sauerkrautsalat mit Sprossen

400 G MILCHSAURES SAUERKRAUT (MÖGLICHST SELBSTGEMACHTES) • 4 EL KÜRBISKERNÖL • 2 EL SOJASAUCE • 100 G FRISCH GERIEBENER MEERRETTICH • 1 HANDVOLL KLEINGESCHNITTENE LÖWENZAHNBLÄTTER • SPROSSEN NACH WAHL

Kürbiskernöl, Sojasauce und Meerrettich zu einer Sauce verrühren und mit dem Sauerkraut und den Löwenzahnblättern mischen. Mit Sprossen bestreuen und servieren.

Geschichteter Getreidebraten mit Gemüse und Meerrettichsauce

300 G GROBGESCHROTETER DINKEL • 0,8 L GEMÜSEBRÜHE • KRÄUTERSALZ • GEKÖRNTE BRÜHE •DELIKATA NACH GESCHMACK • 1 DURCHGEPRESSTE KNOBLAUCHZEHE • 1 KLEINGESCHNITTENE ZWIEBEL • 2 EIER • 300 G BLANCHIERTER, GUT ABGETROPFTER SPINAT • 2 GANZE, HALBGEGARTE MÖHREN • 200 G IN WÜRFEL GESCHNITTENER EDAMER

SAUCE

1 KLEINE FEINGEWÜRFELTE ZWIEBEL • 2 EL DINKELMEHL • 1/8–1/4 L GEMÜSEBRÜHE • KRÄUTERSALZ • 8 EL SAHNE • 2 EL FEINGERIEBENER MEERRETTICH

Den Dinkelschrot in die kochende Gemüsebrühe geben, einmal aufkochen lassen, vom Herd nehmen und zugedeckt 2–3 Stunden quellen lassen. Das Getreide mit Kräutersalz, gekörnter Brühe, Delikata, Knoblauch und Zwiebel würzen. Eier dazugeben und alles verkneten. Eine kleine Kastenform oder Auflaufform fetten und die Hälfte des Getreideteiges hineinfüllen. Den Spinat gleichmäßig darauf verteilen, die Möhren drauflegen. Käsewürfel mit der anderen Teighälfte vermischen und die Gemüseschicht damit abdecken. In der Auflaufform das Ganze zu einem Braten formen. Bei 180° etwa 40–50 Minuten backen.

Inzwischen die Sauce zubereiten. Zwiebeln ohne Fett anrösten, Dinkelmehl darüberstreuen und Gemüsebrühe dazugeben. Mit Kräutersalz würzen. Sahne und Meerrettich dazugeben. Zum Getreidebraten reichen.

Adventkuchen

150 G BUTTER • 150 G HONIG • 1 MESSERSPITZE NATURVANILLE • 6 EIER • 300 G FEINGEMAHLENER WEIZEN • 2 TL WEINSTEINPULVER • 80 G GESCHÄLTE UND GEHACKTE MANDELN • 60 G GROBGEHACKTE PISTAZIEN • 80 G KLEINGESCHNITTENE TROCKENFRÜCHTE (Z. B. FEIGEN, DATTELN) • ABGERIEBENE ORANGEN- UND ZITRONENSCHALE • 50 G HASELNÜSSE

Butter, Honig und Vanille schaumig schlagen. Nacheinander die Eier dazugeben. Dann Mehl, Weinsteinpulver, Mandeln, Pistazien, Trockenfrüchte, Zitrusfruchtschalen und die ganzen Nüsse unter die Butter-Honig-Masse heben. Das Ganze in eine gefettete Springform füllen und bei mittlerer Hitze (180–200°) etwa 30–40 Minuten backen.

Menü

PIKANTER WEIZENKEIMSALAT
POLENTALAIBCHEN MIT ROTEN RÜBEN UND KRENSAUCE
SPINATKÄSEKNÖDEL MIT WURZELGEMÜSE
AUF SELLERIEPÜREESAUCE
HASELNUSSBISKUITROULADE
TOPFENPALATSCHINKEN

von Werner Ultsch

Pikanter Weizenkeimsalat

200 G WEIZENKEIME (2–3 TAGE GEKEIMT) • 2 EL FEINGESCHNITTENER LAUCH • 2 EL GEHACKTE ZWIEBELN • 1 KLEINER GROBGERAFFELTER APFEL • 1 BUND SCHNITTLAUCH • 2 EL MOSTESSIG • 4 EL SONNENBLUMENÖL • SALZ • PFEFFER

Keime, Gemüse und Kräuter locker vermischen. Eine Marinade aus den restlichen Zutaten zubereiten und darübergießen.

Polentalaibchen mit roten Rüben und Krensauce

160 G MAISGRIESS • SALZ • 0,4 L WASSER • 80 G GEHACKTE ZWIEBELN • 30 G BUTTER • 120 G MAGERQUARK • SALZ • MUSKAT • FEINES MAISMEHL • 50 G PFLANZENFETT • SALZ • KÜMMEL • 12 JUNGE ROTE RÜBEN • 20 G BUTTER • 1 TL GESTOSSENER KORIANDER • SALZ • 2 ZUCCHINI • 1 EL OLIVENÖL • SALZ

KRENSAUCE

200 G SAHNE • 1 EL GERISSENER KREN (MEERRETTICH) • 1 EL ZITRONENSAFT • SALZ • PETERSILIE

Maisgrieß in leicht gesalzenes, kochendes Wasser einrühren. Bei schwacher Hitze zugedeckt etwa 30 Minuten ziehen lassen. Zwiebeln in Butter andünsten. Zwiebeln und Quark unter die lauwarme Polenta mischen. Mit Salz und Muskat abschmecken. Aus der Masse 12 kleine Laibchen formen, in Maismehl wenden und im Fett goldgelb braten.
Die roten Rüben mit Salz und Kümmel kochen, abschrecken, schälen. Butter zerlassen, mit dem zerstoßenen Koriander vermischen, die roten Rüben darin erwärmen und salzen. Zucchini in schräge Scheiben schneiden, in Olivenöl anbraten und salzen.
Für die Krensauce Sahne, Kren, Zitronensaft und Salz vermischen. Die gebratenen Polentalaibchen zur Hälfte mit der Sauce überziehen. Die roten Rüben auf die Zucchinischeiben setzen und mit Petersilie dekorieren.

Spinatkäseknödel mit Wurzelgemüse auf Selleriepüreesauce

500 G KNÖDELBROT • 170 ML HEISSE MILCH • 30 G BUTTER • 120 G FEINGEHACKTE ZWIEBELN • 200 G BLANCHIERTER SPINAT • 1 EI • 100 G BERGKÄSE • 2–3 ZERDRÜCKTE KNOBLAUCHZEHEN • 1 GROSSES EI • SALZ • MUSKAT • 1 MESSERSPITZE INGWERPULVER

WURZELGEMÜSE

15 JUNGE MÖHREN • 60 G BUTTER • 3 JUNGE ROTE RÜBEN • FEINGESTOSSENER KORIANDER • 3 JUNGE KNOLLENSELLERIE • 10 KLEINE PETERSILIENWURZELN • SALZ • WEISSER PFEFFER

SAUCE

50 G KNOLLENSELLERIEWÜRFEL • 60 G WEICHE BUTTER • 0,6 L GEMÜSEBRÜHE • 6 CL TROCKENER WEISSWEIN • 50 G SAHNE • SALZ • WEISSER PFEFFER • 100 G FRISCH GEHOBELTER ODER GERIEBENER PARMESAN • 1 SPRITZER MOST- ODER APFELESSIG

Das Knödelbrot mit der Milch übergießen. Butter zerlassen, die Zwiebeln darin glasig dünsten, Knödelbrot dazugeben. Den gut ausgedrückten Spinat grob hacken, mit dem Ei fein pürieren. Das Spinatpüree mit den restlichen Zutaten und Gewürzen unter das Knödelbrot mischen. Mit einem Tuch abdecken und etwa 15 Minuten ruhen lassen. Vorsichtshalber einen Probeknödel in köchelndem Salzwasser garen.
Für das Gemüse die Möhren mit ⅓ der Butter und Wasser weichdünsten. Rote Rüben in Wasser garen, in Scheiben schneiden und mit etwas Koriander in einem weiteren Drittel Butter schwenken. Knollensellerie schälen, in Wasser bißfest

garen, in Scheiben schneiden. Petersilienwurzeln im Selleriesud blanchieren, in der restlichen Butter dünsten. Alles mit Salz und Pfeffer würzen. Warmstellen.
Für die Sauce Selleriewürfel pürieren, mit der Butter vermischen. Im Tiefkühlfach stark abkühlen lassen. Gemüsebrühe reduzieren, Weißwein und Sahne dazugeben, auf die gewünschte Konsistenz einkochen. Selleriebutter in kleinen Stücken darunterschlagen, würzen, bis kurz vor den Siedepunkt erhitzen, mit einem Mixer kurz aufschlagen. Mit einem Spritzer Essig verfeinern. Die Sauce auf vorgewärmte Teller verteilen, Knödel und Gemüse darauf anrichten, mit Käse bestreuen.

Haselnußbiskuitroulade

10 Portionen

NUSSBISKUIT

5 EIER • 125 G HONIG • SAFT VON ½ ZITRONE • 1 PRISE SALZ • 160 G FEINGEMAHLENER WEIZEN ODER DINKEL • 1 TL BACKPULVER • 50 G GERÖSTETE, GESCHÄLTE ODER GERIEBENE HASELNÜSSE

CREME

50 G NATURHARTES KOKOSFETT • 250 G BUTTER • 50 G AKAZIENBLÜTENHONIG • 3 EIWEISS • 70 G HELLER AHORNSIRUP ODER AKAZIENBLÜTENHONIG • 40 G HASELNUSSMARK • 200 G SAHNE • 1 BANANE • 1 HANDVOLL BEEREN ZUM DEKORIEREN

Eier mit Honig, Zitronensaft und Salz aufschlagen. Mehl mit Backpulver und geriebenen Haselnüssen vermengen, unter die cremig-schaumige Eiermasse mischen. Auf ein mit gebuttertem Pergamentpapier ausgelegtes Backblech 1 cm dick streichen. Bei 190° im vorgeheizten Backofen ca. 10–12 Minuten backen. Nußbiskuit dann einrollen.
Für die Creme das Kokosfett schmelzen (nicht heiß werden lassen), Butter und Honig dazugeben. Mit dem Schneebesen zu einer flaumigen Creme rühren. Eiweiß mit dem Ahornsirup oder Honig zuerst warm, dann im Kaltwasserbad fest schlagen. Nußmark unter die flaumige Buttercreme rühren, die Schaummasse vorsichtig unterheben. Die Creme auf den ausgekühlten, wieder aufgerollten Biskuit streichen und diesen vom Papier weg einrollen. In Pergamentpapier gewikkelt in das Kühlfach stellen. Nach 1 Stunde aufschneiden. Mit geschlagener Sahne, Bananenscheiben und Beeren dekorieren.

Topfenpalatschinken

2 EIER • 1 TASSE MILCH • ½ TASSE WASSER • 1 TL HONIG • 1 PRISE SALZ • 150 G DINKELMEHL • BUTTER ZUM BACKEN

FÜLLUNG

100 G BUTTER • 3 EL HONIG • ½ TL VANILLE • 2 EIGELB • 1 TL ZITRONENSAFT • ABGERIEBENE SCHALE VON ½ ZITRONE • 500 G SAHNEQUARK

Butter mit Honig und Vanille schaumig rühren, die restlichen Zutaten untermischen.
Butter in einer Pfanne zerlassen und ca. 12 dünne Palatschinken backen.
Mit Quarkcreme bestreichen und zusammenrollen. Eventuell im Backofen für kurze Zeit warm stellen.

WER SOLL DENN DIE WELT VERÄNDERN, WENN NICHT DU UND ICH ...

Menschen, die um meine Bemühungen in Friedensbewegung, Tierschutz und Ernährung wußten, hatten mich zu einer internationalen Friedenskonferenz nach Indien auf den Mount Abu, in das Dörfchen Madhuban (wörtlich übersetzt »Honigwald«), hoch oben im wilden Radschastan, nahe der pakistanischen Grenze, eingeladen.

An diesem seit altersher als Wallfahrtsziel spiritueller Pilger bekannten Ort wurde im Jahr 1950 die »Brahma Kumaris World Spiritual Universitiy« gegründet – die spirituelle Universität der Söhne und Töchter Brahmas, von Anfang an und noch heute unter weiblicher Leitung, besonders im damaligen Indien etwas Außergewöhnliches.

Es geht klösterlich zu in der internationalen Universität. Viele der weißgekleideten »brothers und sisters« leben wie Mönche und Nonnen. Die drei Säulen ihres Lebensstiles sind vegetarische Ernährung, Zölibat und regelmäßige Meditiation.

Leiterinnen der Universität sind die »Dadis«, die Mütter, meist mit erheblicher Leibesfülle ausgestattet. Wir wurden zwar klösterlich, nichtsdestoweniger aber köstlich vegetarisch verwöhnt. Morgens, mittags und abends gab es meinen heißgeliebten Dal, dieses Gericht aus Bohnen oder Linsen, das immer wieder anders gewürzt immer wieder anders schmeckt; und speziell im Würzen zeichneten sich unsere Köchinnen durch wahre Meisterschaft aus. Dazu die wunderbaren ofenwarmen Fladen, die Chapatis und Puris.

Nach der Meditation verteilten die Dadis Süßigkeiten. Ich habe die entsprechenden Rezepte von Zucker auf Honig umfunktioniert und sogar die Honigmenge noch drastisch reduziert (Seite 92). Auch Honig verursacht Karies! Aber wir werden diese Köstlichkeiten ja auch nicht kiloweise essen.

Wer meditiert, weiß, wieviel Energie die Meditation zunächst einmal verbraucht. Nach meiner ersten Zen-Meditation waren meine Freunde ganz besorgt: du bist ja grün im Gesicht, kann denn das gut sein?

Die »Brahma Kumaris« hatten vor Jahren die Aktion »Million minutes for peace«, eine weltweite Friedensinitiative, initiiert. Nun folgte das auf zwei Jahre angesetzte Projekt »Global cooperation for a better world«. Ziel dieser bereits die ganze Welt umspannenden Aktion ist eine Vernetzung aller Friedensbemühungen zwischen Menschen, Städten, Nationen, Kontinenten. Weltweit tragen Kinder und Hausfrauen, Wissenschaftler und Laien ihre Ideen und Pläne, ihre Visionen für eine bessere Welt zusammen, die in einer Ideenbank gespeichert werden.

Insgesamt bemühten sich während dieser Friedenskonferenz 14 Tage lang siebzig Vertreter aus fünfunddreißig Ländern der ganzen Welt, aller Altersstufen, Rassen, Hautfarben, Religionen und politischen Parteien, die bisher gesammelten und gespeicherten Visionen vorzustellen, zu diskutieren und zu koordinieren. Die Strapazen waren enorm, zumal in den Workshops buchstäblich alle Sprachen durcheinander sprudelten.

Und meine Nächte verliefen recht schlaflos. Nur dick vermummt konnte ich es im Bett aushalten, alles angezogen, übergestülpt, umgehängt, was ich an Wärmendem auftreiben konnte, dicke Wollstrümpfe an den Füßen. Es war mörderisch kalt: der Mount Abu liegt 1200 Meter über dem Meeresspiegel, ständig wehte vom Himalaya ein kalter, staubiger Wind, der die Affen und Pfauen in den Eukalyptusbäumen wild durcheinanderschüttelte.

Die Welt kann sich nur verändern, wenn ich mich verändere, heute, hier und jetzt – das war schließlich der Kerngedanke des Kongresses.

Einen Hoffnungsschimmer ließ das Gastgeschenk des Vizepräsidenten des Friedenskomitees der Sowjetunion aufkommen. Er überbrachte nämlich als Geschenk ein Stück der ersten abgerüsteten Cruise Missile.

Menü

WINTERSALAT MIT SPROSSEN
BUCHWEIZENSUPPE
GEMÜSESTRUDEL MIT KÄSESAUCE
NUSSPUDDING

von Helga Kandler

Wintersalat mit Sprossen

2 ORANGEN • 3 IN STREIFEN GESCHNITTENE CHICORÉESTAUDEN • 1 GROSSE BIRNE • VERSCHIEDENE KEIME (Z. B. RETTICH, LINSEN, MUNGOBOHNEN, USW.) • 1 EL FEINGEHACKTE KRÄUTER • SESAMÖL • SAHNE • KRÄUTERSALZ • 1 TL MEERRETTICH

Eine Orange auspressen, die andere filieren. Chicorée in Orangensaft wenden, auf einem Teller anrichten, mit Birnen- und Orangenspalten belegen, Keime und Kräuter in Öl, Sahne und Kräutersalz wenden, mit Meerrettich mischen und über den Salat geben.

Buchweizensuppe

1 KLEINGESCHNITTENE ZWIEBEL • 1 L GEMÜSEBRÜHE • 1 KLEINGESCHNITTENE STANGE LAUCH, 1 KLEINGESCHNITTENER KNOLLENSELLERIE • 3 EL GERÖSTETER BUCHWEIZEN • SALZ • FEINGEHACKTER SCHNITTLAUCH UND PETERSILIE

Zwiebel ohne Fett anrösten, mit Brühe aufgießen. Gemüse und Buchweizen dazugeben und 10 Minuten quellen lassen. Salzen, mit den Kräutern bestreut servieren.

Gemüsestrudel mit Käsesauce

Für 2 kleine Strudel

300 G FEINGEMAHLENER DINKEL • 1 EI • 250 G SAHNE • 1 PRISE MEERSALZ • 1 GEQUIRLTES EI ZUM BESTREICHEN

FÜLLUNG

250 G MÖHREN • 200 G ZWIEBELN • ½ KLEINER WEISSKOHL • 2 EL BUTTER • KRÄUTERSALZ

SAUCE

2 EL BUTTER • 100 G GORGONZOLA • AUFGEFANGENER GEMÜSESAFT • 100 G MILDER KÄSE • 2 EL TOMATENPÜREE • 125 G SAHNE • PFEFFER

Mehl, Ei, Sahne und Salz zu einem glatten Teig verkneten. Am besten über Nacht ruhen lassen.
Für die Füllung das Gemüse raspeln, in Butter dünsten und würzen. Auf einem Sieb abtropfen lassen, dabei den Saft für die Sauce auffangen.
Den Teig auf einer bemehlten Fläche dünn zu 2 Vierecken ausrollen. Ein Viereck auf ein gebuttertes Backblech legen, die Füllung in die Mitte geben, die Ränder von allen 4 Seiten übereinander klappen und auf eine Hälfte des Backblechs schieben. Mit dem verquirlten Ei bestreichen und mit einer Gabel einige Male einstechen. Mit dem zweiten Strudel genauso verfahren. 40 – 50 Minuten bei ca. 180° backen. Kurz vor Ende der Backzeit die Sauce zubereiten. Butter schmelzen, Käse dazugeben und zerlassen. Mit dem Gemüsesaft aufgießen, leise köcheln lassen, mit Tomatenpüree, Sahne und etwas gemahlenem Pfeffer abschmecken.

Nußpudding

½ L MILCH • 2 EL HONIG • 1 EL CAROB ODER BIO-KAKAO • 2 EL NUSSMUS • 3 EL GROBGEHACKTE NÜSSE • 1 TL AGAR-AGAR • 100 G GESCHLAGENE SAHNE • NUSS-SPLITTER ZUM GARNIEREN

Milch erhitzen, alle Zutaten, bis auf die Sahne unterrühren. In ausgespülte Förmchen füllen und kalt stellen. Mit Schlagsahne und Nußsplittern verzieren.

Menü

Endiviensalat und Chicoréefächer mit Gorgonzolasauce
Kartoffelwaffeln mit Knoblauchdip
Mandel-Gewürz-Schnitte

von Helga Kandler

Endiviensalat und Chicoréefächer mit Gorgonzolasauce

1 kleiner Endiviensalat • 2 Chicoréestauden • Orangenfilets von 1 Orange • Sprossen nach Wahl

Sauce

125 g Sahne • Kräutersalz • Pfeffer • 100 g in Würfel geschnittener Gorgonzola

Endiviensalat zerteilen und die Blätter auf 4 Teller verteilen. Die Chicoréestauden halbieren, dann vierteln und fächrig schneiden. (Dazu den bitteren Kern so herausschneiden, daß das untere Ende noch zusammenhält.) Je ½ Chicorée auf 1 Teller dekorieren. Für die Sauce die Sahne aufkochen, mit Kräutersalz und Pfeffer würzen, Gorgonzola dazugeben, schmelzen lassen. Die lauwarme Sauce über den Salat gießen. Mit Orangenfilets und Sprossen anrichten.

Kartoffelwaffeln mit Knoblauchdip

250 g geschälte, grob geraspelte Kartoffeln • 1 Ei • Kräutersalz • 2 EL gewürfelte Zwiebeln • 50 g gemahlener Dinkel • evtl. etwas Milch

Dip

125 g saure Sahne • 100 g Joghurt • 2 durchgepresste Knoblauchzehen • Kräutersalz oder Streuwürze • Kreuzkümmel

Die geraspelten Kartoffeln mit dem Ei, Kräutersalz, den Zwiebeln und dem Mehl verrühren. Falls der Teig zäh ist, etwas Milch dazugeben. Im Waffeleisen bei niedriger Stufe in etwa 5 Minuten knusprige Waffeln aus dem Teig backen. Für den Knoblauchdip alle angegebenen Zutaten miteinander verrühren.

Mandel-Gewürz-Schnitte

5 Eier • 3 EL warmes Wasser • 300 g Blütenhonig • Honig • 250 g ungeschälte gehackte Mandeln • 100 g kleingeschnittene Trockenfrüchte nach Wahl • 1 TL Zimt • 1 TL Lebkuchengewürz • 1 Prise Ingwer • etwas Naturvanille • abgeriebene Schale von 1 Orange • 500 g feingemahlener Weizen oder Dinkel • 1 TL Natron

Eier, Wasser und Honig schaumig schlagen. Alle anderen Zutaten unter die Eimasse rühren. Den Teig auf ein mit Backpapier ausgelegtes Blech streichen und etwa 30 Minuten bei mittlerer Hitze backen.

Menü

Käse-Apfel-Salat
Wirsing-Pilz-Gemüse mit Serviettenknödeln
Walnussbuchteln mit Fruchtsalat

von Helga Kandler

Käse-Apfel-Salat

250 g Gouda • 2 in Würfel geschnittene Zwiebeln • 2 in Streifen geschnittene säuerliche Äpfel • ½ Kopf grüner Salat • 2 EL Schnittlauchröllchen

Dressing

2 EL Balsamico Essig • 3 EL Öl • ½ TL Senf • ½ TL Kräutersalz • etwas Honig

Gouda in Würfel oder Streifen schneiden, mit den Zwiebeln, Apfelstreifen und ebenfalls in Streifen geschnittenem grünem Salat mischen. Die angegebenen Dressingzutaten verrühren, mit dem Salat mischen. Mit Schnittlauchröllchen bestreuen.

Wirsing-Pilz-Gemüse mit Serviettenknödel

1 kleingewürfelte Zwiebel • 1 kleiner Wirsing • 200 g in Viertel geschnittene Champignons • Meersalz • 1 EL Dinkelmehl • 125 g Sahne • 1 Gemüsebrühwürfel • 1 in Streifen geschnittene rote Paprikaschote

Knödelteig

250 g Vollkornknödelbrot • ¼ l heisse Milch • 2 EL gehackte Petersilie • 2 EL grobgehackte Haselnüsse • 2 EL zerlassene Butter • 2 Eigelb • Kräutersalz

Zwiebelwürfel ohne Fett anrösten. Wirsingstreifen und Champignons dazugeben, mit Meersalz würzen, kurz dünsten. Dann Mehl darüberstäuben und die Sahne darübergießen. Das Ganze 5 Minuten dünsten. Mit dem Brühwürfel würzen und nun erst die Paprikastreifen dazugeben.
Für die Serviettenknödel das Knödelbrot mit der Milch übergießen, alle anderen Zutaten dazugeben und das Ganze zu einem Teig kneten. Zu einer lockeren Rolle formen, in ein Küchentuch rollen, dieses an den Enden locker mit einem Bindfaden zubinden und in etwa 30 Minuten in schwach kochendem Wasser gar ziehen lassen. Herausnehmen, einige Minuten ruhen lassen und die Knödelrolle in Scheiben schneiden.

Walnußbuchteln

200 g feingemahlener Dinkel • 3 EL Kleeblütenhonig • ½ Würfel Hefe • Meersalz • 3 EL zerlassene Butter • 2 Eigelb • 100 g gemahlene Walnüsse • abgeriebene Schale von 1 Zitrone • ⅛ l warme Milch

Alle angegebenen Zutaten bis auf ½ Eßlöffel Butter vermischen und so lange gehen lassen bis sich der Teig verdoppelt hat. Das dauert etwa 3–4 Stunden. Eine Reine mit ½ Eßlöffel Butter ausstreichen. Nun Buchteln aus dem Teig formen: Dazu eine lockere Rolle formen und mit einem Eßlöffel walnußgroße Stücke abstechen, diese nebeneinander in die Reine setzen. Auf ein gefettetes Backblech setzen, mit zerlassener Butter bestreichen, nochmals gehen lassen und 15–20 Minuten bei mittlerer Hitze backen.

Fruchtsalat

Äpfel, Birnen, Orangen und andere Früchte, die im Winter bei uns erhältlich sind, mit Honig beträufeln. Zu den noch warmen Walnußbuchteln reichen.

Menü

Wirsingsalat
Chili sin carne
Topfenknödel auf Pflaumen-Holunder-Mus

Wirsingsalat

ca. 500 g Wirsing • 1 kleine Birne • 1 kleiner Apfel • 1 EL Mostessig • 1 EL süsser Senf • 200 g saure Sahne • Salz • Pfeffer • ½ TL Oregano • 2 EL Kürbiskerne • 2 EL gehackte Haselnüsse

Wirsing in feine Streifen schneiden, Birne und Apfel in dünne Stifte. Alle übrigen Zutaten, Kürbiskerne und Nüsse, zu einer Salatsauce verrühren. Wirsing und Obst damit vermischen, auf Tellern anrichten und mit den Kürbiskernen und Nüssen bestreuen.

Chili sin carne

250 g rote Kidneybohnen • Salz • 1 Lorbeerblatt • 4 Tomaten • 1 grosse Zwiebel • 1 rote Paprika • 1 grüne Paprika • 2 Knoblauchzehen • 4 EL Maiskörner • Olivenöl • ¼ l Gemüsebrühe • Salz • Pfeffer • Chilipulver • Oregano • Zitronensaft

Bohnen über Nacht einweichen, dann in Salzwasser mit Lorbeerblatt garkochen. Tomaten schälen, Zwiebel und Paprika schneiden, Knoblauchzehen hacken und samt Maiskörnern in reichlich Olivenöl bei schwacher Hitze dünsten. Mit Gemüsebrühe aufgießen, fast garkochen, mit den Bohnen mischen und mit Salz, Pfeffer, etwas Chili, Oregano und Zitronensaft würzen.

Topfenknödel auf Pflaumen-Holunder-Mus

60 g Butter • 2 Eier • 1 EL Honig • ½ TL Vanille • Saft und abgeriebene Schale von ½ Zitrone • 1 Prise Salz • 250 g Quark • 100 g Dinkelmehl • 30 g Vollkorngriess

Geröstete Brösel

100 g Butter • 4 EL Vollkornbrösel • 3 EL gemahlene Haselnüsse • ½ TL Vanille

Pflaumen-Holunder-Mus

250 g entsteinte Pflaumen • 250 g abgestreifte Holunderbeeren • 4 EL Honig • 1 TL Rum • 1 Prise Zimt und Nelken • Saft von 1 Zitrone

Butter, Eier und Gewürze schaumig rühren, Quark untermischen, Mehl und Grieß einarbeiten. Den Teig 30 Minuten kaltstellen. Kleine Knödel formen und in kochendem Salzwasser ca. 10 Minuten ziehen lassen.
Für die Brösel Butter in einer großen Pfanne zerlassen. Bröseln und Nüsse mit Vanille darin goldgelb anrösten. Die fertigen Knödel in den Bröseln wälzen.
Pflaumen und Holunderbeeren einige Minuten dünsten, pürieren und mit den Gewürzen abschmecken. Auf einem flachen Teller die Sauce als Spiegel anrichten und die eingebröselten Knödeln daraufsetzen.

»SOLANGE ES SCHLACHTHÖFE GIBT, WIRD ES SCHLACHTFELDER GEBEN.«

Vom Autor des Romans »Krieg und Frieden«, von Leo Tolstoi, stammt obenstehender Satz. Tolstoi war in seinem späteren Lebensalter strikter Vegetarier. Man erzählt sich, daß eine Prinzessin eine Einladung des Dichters zum Dinner ausschlug, weil es bei ihm ja doch nichts Gescheites, sprich kein Fleisch, zu essen gäbe. Der Dichter versprach ihr, sie würde ihr gewünschtes Schnitzel bekommen, und führte die Prinzessin in die Küche, in der ein Kälbchen angebunden war. Tolstoi reichte der verdutzten Dame ein Schlachtmesser und bat sie, sich zu bedienen.

Sie ahnen, wie die Geschichte ausging. Die meisten Menschen, vor allem die meisten Frauen, würden kein Fleisch mehr essen, wenn sie das Tier selbst töten müßten, das sie üblicherweise säuberlich abgepackt, nicht mehr als Lebewesen zu erkennen, im Schaufenster liegen sehen, ohne eine Spur von Blut, ohne ein sichtbares Zeichen der Qualen, die das Tier nicht nur beim Sterben, sondern schon während seines Lebens erdulden mußte.

Fleischverzehr gleich Krieg, Vegetarismus gleich Frieden, geht diese Schlußfolgerung Tolstois nicht zu weit? Der Kommentar eines Bomberpiloten scheint sie zu erhärten. Dieser Mann hatte sich während des Golfkrieges dabei hervorgetan, die aus Kuwait abziehenden (abziehenden!) irakischen Soldaten von seinem Flugzeug aus abzuschießen. Er verglich dieses Massaker bezeichnenderweise mit der Truthahnjagd!

War Jesus Vegetarier, wie es einige Chronisten behaupten, stimmt es, daß die Christen bis zum 3. Jahrhundert ebenfalls vegetarisch gelebt haben?

Wie auch immer, es ist schon pervers, daß die beiden größten christlichen Feste, das Weihnachts- und das Osterfest, zum gigantischen Mordfest verkommen sind. Ausgerechnet die Tage, an denen des Erlösers, des Heilbringers, des Heilands gedacht wird, benutzen Millionen Menschen dazu, sich Millionen hingemetzelter Tiere einzuverleiben, während wiederum Millionen Menschen hungern und verhungern.

Daß die eine Hälfte der Menschheit hungert, während die andere Hälfte sich krankschlemmt, daran hat man sich schon fast gewöhnt. Nur wenn der Hunger sich gar zu drastisch über den Fernsehschirm präsentiert, wie immer wieder aus Afrika oder neuerdings aus den Ostländern, dann spenden die, denen es gut geht, schnell etwas Geld oder senden Pakete, um sich von der Schuld freizukaufen, die wir alle an diesen Zuständen haben. Und diese Schuld hat mit unserem geradezu wahnwitzigen Fleischkonsum zu tun.

Die Polen hungern, lese ich, weil es in den Geschäften kein Fleisch und keinen Zucker gibt. Gerade eben zeigte das Fernsehen zum xten Mal, was den Hungernden nun geschickt wird: Konserven mit Fleisch und Wurst, Grieß, weißes Auszugsmehl, Trockenmilch, Babyfertignahrung, Schokolade – alles Nahrungsmittel, die in meiner Küche das ganze Jahr über nicht zu finden sind, die ich weder brauche noch vermisse, obwohl ich mich wohlschmeckend und gesund – und billig! – ernähre. Die Schlangen der Wartenden vor den Lebensmittelläden in den östlichen Ländern zeigen überwiegend dicke, aufgedunsene Menschen – ganz offensichtlich falsch ernährte Menschen, die noch dazu an ihrer falschen Ernährung hängen, wie das Bedürfnis nach den oben erwähnten Eßwaren zeigt.

Gesundheit ist ein Informationsproblem – und zuviele wissen immer noch zu wenig Bescheid über die Zusammenhänge zwischen Ernährung – Gesundheit – Krankheit, wissen nicht, daß der Mensch sein Schicksal über seine Nahrung selbst in der Hand hält, wie es einer unserer großen Ernährungswissenschaftler, der Arzt Dr. M. O. Bruker, in seinem Buch »Unsere Nahrung – unser Schicksal« so treffend ausdrückt.

Viele Menschen wissen es immer noch nicht – oder wollen es nicht wahrhaben –, daß Fleisch durchaus kein Stück Lebenskraft ist; daß 7 Kilo Pflanzen durchschnittlich benötigt werden, damit 1 Kilo Tier überhaupt entstehen kann, der Umweg über das Tier also eine ungeheure Verschwendung bedeutet vor allem angesichts des Hungers in der sogenannten Dritten Welt; daß tatsächlich, wie der Slogan sagt, das Vieh der Reichen das Brot der Armen frißt, daß sogar aus der Sahelzone, in der vormals die Menschen von Hirse und Bohnen leben konnten, Futter für das Vieh der Industrieländer exportiert wird, während die Einheimischen verhungern; daß die übermäßige Fleischproduktion schuld ist an der Massentierhaltung, an der Zerstörung der Umwelt, der Regenwälder – weil für die Erhaltung des Sauerstoffs dringend notwendige Wälder abgeholzt werden, damit noch mehr Weiden entstehen für noch mehr Rinder, die noch mehr Steaks liefern sollen für unsere Wohlstandsgesellschaft, die bereits dahinsiecht aufgrund ihres Überkonsums an tierischem Eiweiß und die an der Gülle der zu Tode gemästeten Tiere zu ersticken droht.
Auch bei uns verschließen viele vor diesen Problemen Augen und Ohren. Diese Augen und Ohren gilt es zu öffnen. Wir können nicht länger so verantwortungslos in den Tag hineinleben, wie wir es bisher getan haben, sonst gehen wir alle zugrunde. Wir alle müssen anders leben, damit andere leben können ...
Die Zeit ist reif auch für eine Revolution in der Eßkultur, für eine sanfte Revolution. Die Zeit ist reif dafür, daß zu Ende geführt wird, was Pythagoras, 600 Jahre vor Christus versucht aber nicht geschafft hat: der westlichen Welt die vegetarische Lebensweise nahe zu bringen.
Daß Essen Spaß machen, schmecken, gut aussehen und dennoch gesund sein muß, ist selbstverständlich. Niemand braucht bei der Umstellung auf eine vitalstoffreiche Vollwerternährung auf kulinarische Köstlichkeiten zu verzichten, ganz im Gegenteil.
Der erwähnte Dr. Bruker hat eine Gesellschaft für Gesundheitsberatung gegründet und bildet Gesundheitsberater aus, damit die Bevölkerung in immer stärkerem Maß über die oben erwähnten Zusammenhänge zwischen Ernährung – Gesundheit – Krankheit informiert wird. Diese Gesundheitsberater/innen arbeiten oft schon mit Ärzten und Krankenkassen zusammen, so daß endlich eine wirkliche Gesundheitsvorsorge betrieben werden kann.

So legt euch denn, ihr Brüder
in Gottes Namen nieder.
Kalt weht der Abendhauch.
Verschon uns Gott mit Strafen
und laß uns ruhig schlafen
und unsern kranken Nachbarn auch.

WAS SIE NOCH WISSEN SOLLTEN

KOLLATH-TABELLE *

	Lebensmittel (vollwertig)		
	a) natürlich	b) mechanisch verändert	c) fermentativ
Pflanzenreich	1 a) Samen I Nüsse: (Wal-, Hasel-, Kokosnuß) Mandeln – – – – Oliven	1 b) Öle Rückstand: (Preßkuchen) **	1 c) Mitwirkung der Eigenfermente Hefen Bakterien Pflanzenmilch } Soja Pflanzenkäse } Soja
Pflanzenreich	2 a) Samen II Getreide: Weizen, Roggen, Hafer, Gerste, Mais, Reis, Hirse, Buchweizen	2 b) Mahlprodukte Vollmehl, Schrote Rückstand: (Kleie) **	2 c) Vollkornprodukte Breie, roh; gequetscht geschrotet gemahlen
Pflanzenreich	3 a) Früchte Gemüsefrüchte: Tomate, Gurke, Kürbis, Paprika, Melone usw. Obst: (Beeren-, Kern-, Steinobst) Südfrüchte, Trauben – – – – Honig	3 b) Salate I Naturtrübe Säfte, frisch Rückstand: (Trester) **	3 c) Gärsäfte Most (Trauben, Apfel, Birne usw.) Met
Pflanzenreich	4 a) Gemüse I (Keim-, Frucht-, Blüten-, Stengel-, Wurzel-, Knollen-, Zwiebel-, Blatt-Gemüse) – – – – Würzkräuter	4 b) Salate II Küchenabfälle) **	4 c) Gärgemüse Sauerkraut Saure Bohnen (Silage) **
Tierreich	5 a) Eier Fischrogen	5 b) Blut Muscheln (Knochen) **	5 c) Fleisc Schabefleisch
Tierreich	6 a) Milch (Kuh, Ziege, Schaf)	6 b) Milchprodukte Rahm, Buttermilch, Magermilch, Butter, Molke	6 c) Gärmilch Sauermilch, Skyr, Yoghurt, Kefir usw., Quark Käs
Getränke	7 a) Quellwasser Luft	7 b) Leitungswasser	7 c) Gärgetränke Wein, Bier

* Aus: Prof. Dr. W. Kollath, Die Ordnung unserer Nahrung
** Für die menschliche Ernährung nicht gebräuchlich, aber meist als »Kraftfutter« verwendet

Nahrungsmittel (teilwertig)		
d) erhitzt	e) konserviert	f) präpariert
1 d) ? 2 d) Breie aus Vollkorn Schrote, Flocken usw. Gebäcke I Vollkornbrote Fladenbrote Gärbrote usw.	1 e) Gebäcke II Weißbrote Feingebäcke Kuchen Torten 2 c) Dauerbackwaren Zwieback usw.	1-f) Pflanzliche Präparate Kunstfette Eiweiß Stärke Zucker Chemikalien
Mehlspeisen →	Konfekt	
3 d) Gemüse II a) Hülsenfrüchte Erbsen, Bohnen Linsen, Erdnuß, Kastanien b) Kompott	3 e) Fruchtkonserven getrocknet, gedörrt, gefrorene, erhitzt, chemisch sterilisiert durch Zucker, Alkohol, Chemikalien – – – – Marmeladen	3-4 f) Aromastoffe Fruchtzucker Vitamine Wuchsstoffe (Auxone) Fermente Nährsalze
4 d) Gemüse III Kartoffeln, Wurzeln Kohlarten usw. Pilze Artischocken	4 e) Gemüsekonserven getrocknet erhitzt gefroren sterilisiert	
5 d) Wild, Fisch, Schlachtvieh (Leber, Niere, Pankreas, Lunge, Herz, Muskel, Speck, Schmalz, Fette)	5 e) Tier-Konserven getrocknet, geräuchert, gesalzen, gefroren, in Fett, chemisch konserviert	5 f) Tierische Präparate Fleischextrakte, Eiweiß, Lipoide, Fette, Fermente, Hormone
6 d) gekochte Milch Arten Quark	6 e) Milchkonserven Trockenmilch kondensiert	6 f) Milchpräparate Milcheiweiß Milchzucker
7 d) Extrakte Teearten Brühe	7 e) Gemische Kunstwein, Kunstessig, Liköre, gechlortes Leitungswasser	7 f) Destillate künstl. Mineralwasser, Branntwein

BESSER LEBEN MIT VOLLWERTKOST

Bei Auftritten in Talk-Shows und ähnlichen Fernsehsendungen werde ich von den Moderatoren gern als fanatische Gesundheits- und Ernährungsapostelin vorgestellt. Ein Journalist meinte sogar, als ich einmal zu einer Sendung in einem modernen, ziemlich extravaganten Kleid erschien: »Ich dachte, eine Öko-Tante läuft immer in Latzhosen herum!«
Ich ziehe zwar auch Latzhosen an, zum Beispiel wenn ich den Pferdestall ausmiste, aber ich denke nicht daran, ein Vorurteil – wieder einmal – zu stützen und nun 24 Stunden lang in Latzhosen herumzulaufen.
Und fanatisch, antworte ich dann, bin ich nun überhaupt nicht. Allerdings, wenn mich jemand fragt, warum ich immer so gut drauf bin und mich so vital fühle, dann gebe ich darüber gern Auskunft. Es geht absolut nicht darum, mehr Jahre ins Leben zu bringen, sondern mehr Leben in die Jahre! Und ich habe eben einfach herausgefunden, daß eine vitalstoffreiche Vollwerternährung nun einmal DIE optimale Ernährungsform ist, wie ich nicht nur an mir selbst, sondern an vielen anderen Menschen festgestellt habe und immer wieder feststelle.
Ich fasse hier einmal kurz die wichtigsten Grundregeln der vitalstoffreichen Vollwerternährung zusammen (aus »Mein Gesundheitsbuch«). »Die vitalstoffreiche Vollwerternährung basiert auf einem Satz des Ernährungswissenschaftlers Prof. Kollath: ›Laßt unsere Nahrung so natürlich wie möglich.‹«
Die Nahrung sollte grundsätzlich so wenig wie möglich verändert werden. Es ist also besser, den ganzen Apfel zu essen, als den daraus gepreßten Apfelsaft zu trinken; besser, das volle Korn zu verzehren, als das daraus isolierte Auszugsmehl usw.

Von Dr. Bruker weiterentwickelt, lauten die Empfehlungen für die Vollwertküche folgendermaßen:
Es gibt vier Dinge, die Sie meiden, und vier Dinge, die Sie befolgen sollten, wenn Sie gesund bleiben oder wieder werden wollen (siehe Seite 104).

Außerdem sollte mindestens ⅓ der Mahlzeit, besser ⅔, aus Frischkost bestehen – und diese sollte am Anfang der Mahlzeit gegessen werden.
Fleisch oder nicht Fleisch, das ist die Frage; mehr eine ethische und ökologische als eine ernährungsphysiologische. Bin ich bereit, das Tier, dessen Fleisch ich essen möchte, selbst zu töten? Kann ich es verantworten, daß 7 Kilo pflanzliches Eiweiß durchschnittlich für die Erzeugung von 1 Kilo tierischem Eiweiß verschwendet werden?
Und schließlich: Vollwertkost schenkt nicht nur insgesamt größere Vitalität, bessere Nerven und damit Lebensfreude. – Sie brauchen auch keine Kalorien mehr zu zählen, bleiben oder werden trotzdem schlank – können weitgehend auf Medikamente verzichten und – sparen Geld. Denn Vollwertkost, richtig zubereitet, ist auch noch billig, es sei denn Sie machen folgende Fehler:
Sie kaufen falsch ein – Erdbeeren oder Kiwis oder grünen Salat oder Tomaten im Winter; fertigfabrizierte Produkte wie Sojawaren statt der rohen Bohnen, Flokken statt des billigeren Originalgetreides.
Sie zerkochen Gemüse, statt es roh am Anfang der Mahlzeit als Frischkost zu verzehren und danach den billigen, sättigenden Hauptgang aus Getreide oder Kartoffeln zu servieren.

EIN PAAR SÄTZE ZU DEN REZEPTZUTATEN IN DIESEM BUCH

▷ Zum Würzen wird von meinen Freunden und mir sehr oft *Sojasauce* verwendet. Diese Würze wird aus mildsauer vergorenen Sojabohnen hergestellt und sollte mehrere Monate im Holzfaß gereift haben. Verschiedene *pflanzliche Würzen* auf Hefeextraktbasis eignen sich zum Verfeinern von Suppen, Saucen und Gemüsen. *Gekörnte Gemüsebrühe* wertet ebenfalls den Geschmack auf und ist zudem ein guter Salzersatz. Im Reformhaus oder im Naturkostladen sind diese erhältlich.

▷ Zum Eindicken bzw. Gelieren verwenden wir natürlich rein pflanzliche Produkte:
Agar-Agar für Gelees und Puddinge, für 1 Liter Flüssigkeit rechnet man etwa 1 Teelöffel. Zum Andicken von Saucen eignet sich *Pfeilwurzelmehl*.

▷ *Gemüsebrühe* kann man mit gekörnter Würze oder einem Gemüsebrühwürfel herstellen, wenn es schnell gehen muß, oder aus selbstgemachtem, eingesalzenem Suppengrün.
Suppengrün kann man auf Vorrat bereiten: Sellerie, Möhren, Lauch, Petersilienwurzel und frische oder getrocknete Kräuter fein hacken – nicht pürieren – in Olivenöl kurz schmoren, mit Vollmeersalz oder Kräutersalz mischen und im Schraubglas im Kühlschrank aufbewahren.
Dieses eingesalzene Suppengrün hält sich wochenlang – je nach Salz- und Ölmenge. Eine Faustregel: ⅔ Gemüse, ⅓ Salz. Je nachdem, ob ich eine klare Suppe haben oder anderes Gemüse damit garen will, rechne ich knapp oder reichlich 1 EL des eingesalzenen Suppengrüns auf 1 l Wasser.
Aus diesem eingesalzenen Suppengrün können Sie auch einen fixen Brotaufstrich zaubern: mit Pflanzenöl, Tomatenmark, etwas frisch gemahlenem Weizenmehl und Oregano, eventuell Knoblauch vermischen, oder auch etwas Senf, Meerrettich oder Sojasauce zugeben (eventuell noch pürieren).

▷ Wir verwenden nur sparsam Salz. In den naturbelassenen Lebensmitteln sind ja bereits Salze enthalten und unsere Nieren können höchstens 5–7,5 g am Tag (das ist ein Teelöffel) verkraften. Viel Salz nehmen wir bereits mit Brot auf! *Kräutersalz*, gekörnte Brühe und frische Kräuter helfen, Salz zu sparen.

▷ Zum Süßen für Kuchen und Desserts wird niemals der weiße, industriell bearbeitete Zucker verwendet. Seine Süße ist mit Karies und Vitaminverlusten verbunden. Dieser Zucker nützt dem Körper gar nichts! Anstelle dessen verwenden wir *Honig*. Zum Backen genügt ein preiswerterer Honig, da dieser erhitzt wird; ansonsten nur kaltgeschleuderten verwenden.
Einige Vollwertköche legen den Begriff »Vollwertküche« etwas großzügiger aus als andere. So ist z. B. streng genommen nur der Honig ein vollwertiges Süßungsmittel (siehe Kollath Tabelle Spalte 1). Alle anderen Süßungsmittel müssen nicht, können aber Vollwertprodukte unverträglich machen.

▷ Natürlich sollten alle Produkte immer so frisch wie möglich sein. Also: *frisch gemahlenes Getreide, frisch geernte Kräuter*. Für den Winter kann man Kräuter auf Vorrat einfrieren oder trocknen.

WAS SIE SPEZIELL FÜR DAS INDISCHE KOCHEN BENÖTIGEN

▷ eine gußeiserne flache Pfanne
▷ einen tiefen gußeisernen Topf zum Fritieren oder einen chinesischen Wok
▷ eine lange Zange zum Herausnehmen von Fritiertem oder Gebackenem
▷ einen Mörser zum Zerstoßen von Gewürzen
▷ und Gewürze – Gewürze – Gewürze, die natürlich in dunklen Gläsern luftdicht und trocken aufbewahrt werden. Die Gewürze sind in Naturkostläden, Reformhäusern und orientalischen Läden zu haben.

Beliebte und berühmte Gewürzmischungen sind:
▷ Panch masala: je 2 Eßlöffel Kreuzkümmelsamen, schwarze Kreuzkümmelsamen, schwarze Senfkörner und Anis- oder Fenchelsamen werden gut gemischt, dann 1 Eßlöffel Bockshornkleesamen dazugeben, wieder gut vermischt.
▷ Garam masala: in einer schweren, gußeisernen Pfanne folgende Gewürze nacheinander ohne Fett anrösten (unter häufigem Schütteln der Pfanne oder Wenden mit einem Spatel): 4 Eßlöffel Korianderkörner, je 2 Eßlöffel Kreuzkümmelsamen, schwarze Nelken und 2 Zimtstangen von je 5 cm Länge. Wer möchte kann zu diesen Gewürzen noch gemahlene Lorbeerblätter und Muskatnuß fügen. Die gerösteten Gewürze in einer Kaffeemühle zu feinem Pulver mahlen und in einem gut verschlossenen Schraubglas aufbewahren. Sie können diese Mischung aber auch fertig kaufen. Hervorragend zum Würzen ist auch Curry-Paste geeignet, die es in unterschiedlichen Schärfegraden gibt.

Dem vedischen Kochbuch zufolge können Sie Koriander und Bockshornklee im eigenen Garten ziehen: Die Samen aussäen, mit einer dünnen Schicht Erde bedekken, täglich gießen. Keimdauer 18 bis 20 Tage. Die Triebe werden gepflückt, wenn sie etwa 15 cm hoch sind. Ich habe das allerdings noch nicht ausprobiert.

Kleine indische Gewürzkunde
▷ Asafötida oder Teufelsdreckpulver (ein getrocknetes aromatisches Harz)
▷ Bockshornklee
▷ Cayennepfeffer (Chili)
▷ Fenchelsamen
▷ Ingwerwurzel (frisch) oder Ingwerpulver (getrocknet)
▷ Kalinjisamen oder Nigellasamen (leichter Zwiebelgeschmack)
▷ Kardamom
▷ Koriander
▷ Kreuzkümmel oder Kumin
▷ schwarzer Kreuzkümmel
▷ Minzblätter
▷ Muskatnuß oder -blüte
▷ Nelken
▷ Safran (er besteht aus den getrockneten Blütennarben des Safrankrokus. Jede Krokusblüte hat nur 3 Safranfäden. Deshalb braucht man für ein Kilo Safran etwa 140 000 Blüten, und deshalb ist er so teuer.)
▷ Senfkörner, schwarz
▷ Tamarinde (ein säuerliches Gewürz aus den Schoten eines tropischen Baumes; ein ähnliches Aroma können Sie mit einer Mischung aus Zitronensaft und Honig erreichen
▷ Turmerik, Kurkuma oder Gelbwurz (Bestandteil des Currys, pikanter Geschmack)
▷ Zimt (wird aus der inneren Rinde des Zimtbaumes gewonnen)

BEI REGELMÄSSIGER MEDITATION 50 PROZENT RABATT

Wie der Körper, Tempel der Seele, so möchte auch die Seele selbst geliebt und genährt werden. Das größte Labsal für die Seele ist die Meditation. Alle weisen Menschen haben meditiert, Christen, Moslems, Juden – Meditation ist unabhängig von Religion und Rasse. Regelmäßige Meditation beruhigt und gibt die Kraft, mit den Anforderungen dieses wahnwitzigen Lebens wenigstens einigermaßen fertig zu werden, die meistens überstrapazierten Nerven zu entspannen und wieder gesunden zu lassen. Wenn ich meine regelmäßigen Medidationen vernachlässige, und das passiert schon ab und zu, weil ich mir einbilde, keine Zeit dafür zu haben, geht es mir schlechter; bei gleicher Belastung bin ich ungeduldiger, reizbarer. Im Grunde ist es gleich, welche Meditationsform wir wählen, Zen oder Transzendentale oder noch eine andere – jede Meditation ist eigentlich nichts anderes als Konzentration, Konzentration auf etwas, was ist – eine Blume, ein Mandala, eine Wolke, die Stimme eines Vogels – oder auch auf etwas, was nicht ist, auf die Leere. Während einer Meditation wird nichts verdrängt, alle Gedanken ziehen vorbei und werden – wertfrei! – losgelassen. Mit dem, auf das wir uns konzentrieren, über das wir meditieren, werden wir eins. Wissenschaftler erklären die »ruhevolle Wachheit« während der Meditation mit der Veränderung der Gehirnwellen.

Wahre Wunderdinge über die Wirkung der Meditation werden nun aus Holland berichtet. Da gewährt eine Versicherungsfirma den regelmäßig Meditierenden einen Rabatt von 50% – weil sie weniger krank sind!

Im holländischen Lelystad wächst, von einer Gruppe Meditierender geplant, eine Siedlung heran, die »Stiftung Harmonisch leben«. Rund 450 Menschen wohnen dort bereits, und die Wirkung auf die Umgebung soll gewaltig sein. Die Stiftung erhält sogar Geld aus öffentlichen Mitteln, die Regierung steht dem Projekt wohlwollend gegenüber.

Im Jahr 1979 hat der Gründer der Transzendentalen Meditation, Maharishi Mahesh Yogi, auf einer Konferenz in Amsterdam die holländischen Meditierenden dazu inspiriert, einen Ort der Harmonie für das ganze Land zu schaffen. Maharishi ist der Meinung – und ich denke er hat Recht –, daß solche Harmoniezentren, möglichst mit 7000 Menschen an jedem größeren Ort, und das in der ganzen Welt, den Dauerfrieden auf unserem Planeten herstellen und Kriege unmöglich machen würden; er ist überzeugt, daß der Himmel auf Erden auf dieser Erde verwirklicht werden kann – kraft der Meditation und ihrer Auswirkungen.

Hier ein paar interessante statistische Werte: die Kriminalitätsrate in Lelystad ging in den letzten Jahren um durchschnittlich 34% zurück. Hauseinbrüche verringerten sich um 50%, Autoeinbrüche gar um mehr als 50%, die Aufklärung der Verbrechen ist auf über 30% gestiegen – und das in einer Stadt, die eine der kriminalitätsreichsten in ganz Holland war.

Dieser Maharishi-Effekt wäre überall möglich!

Die Medidation reinigt die Seele, wie das Fasten den Körper. Aber alles Meditieren auf der Matte nützt nichts, wenn die Meditation nicht in alle täglichen Verrichtungen einfließt: ob ich nun Gemüse putze, abwasche, Staub sauge oder ein liebevoll zubereitetes Mahl genieße. Mir blutet oft das Herz, wenn ich erlebe, wie Mahlzeiten hinuntergeschlungen werden. Grauenvoll die »Arbeitsessen«, allein schon der Begriff! In einem Ashram wurden alle Männer, die ja im allgemeinen stärker zu derartigen unbewußten Eßattacken neigen als Frauen, die Augen verbunden. Sie wurden mehrmals durch das Haus geführt, treppauf, treppab, bis sie schließlich vor der prächtig gedeckten Tafel standen. Dann wurden ihnen die Augenbinden abgenommen – sie durften lange stehen und schauen, und dann erst die Köstlichkeiten genießen. Hier schließt sich der Kreis zu Aivanovs »Yoga der Ernährung«.

ADRESSEN UND BÜCHER

Die folgenden Vollwertköchinnen und -köche haben mir Rezepte zur Verfügung gestellt:

<u>Christl und Gabi Kurz</u>
Biologisches Kurhotel und Restaurant
Schulstraße 1
D-8242 Bischofswiesen in Oberbayern
Berchtesgadener Land
Telefon: (0 86 52) 77 99 / 77 72
Telefax (0 86 52) 86 66
Beide haben ein Kochbuch geschrieben:
»Die Vollwertkochschule – Kochen und Backen wie in Bischofswiesen«. Dr. Richter, München.

<u>Werner Ultsch</u>
Hotel Quellenhof
A-6105 Leutasch-Weidach in Tirol
Telefon (0 52 14) 67 82
Telefax (0 52 14) 63 69
Das Kochbuch von Werner Ultsch heißt:
»Feine Naturküche – Eine kulinarische Reise auf dem Traumschiff!«. Pamminger & Partner.

<u>Helga Kandler</u>
Ihr Kochbuch heißt: »ABC der Vollwertküche, natürlich essen – gesünder leben«. Erhältlich bei Helga Kandler, A-5203 Köstendorf 174
Sie kocht in meinem Seminarzentrum:
A-4895 Oberhofen 2
Telefon (0 62 13) 2 70

<u>Devanando Weise</u>
Er kocht in seinem Restaurant »Gourmet's Garden« in München, Belgradstraße 9.
Seine Bücher heißen: »Harmonische Ernährung« und »Melone zum Frühstück, Abenteuergeschichten über gesundes, genußreiches Essen.« Beide sind erschienen im Frederiksen & Weise Smaragdina Verlag, München

<u>Arnold Kuschnigg</u>
Er kocht vollwertig im Schloßwirt Sighartstein
A-5202 Neumarkt am Wallersee (Salzburger Land)
Telefon (0 62 16) 69 07 oder 4 00

Einige Bücher, die ich Ihnen empfehlen möchte:

<u>Edward Bach</u>
»Heile Dich selbst mit den Bach-Blüten«.
Droemer Verlag, München

<u>Stephanie Faber</u>
»Mein Farbenbuch. Die Magie der Farben. Unser Leben mit Farben. Der sichere Farbgeschmack. Die Naturbotschaft der Farben und ihre Anwendung«.
Goldmann-Verlag, München

<u>Carole Jackson</u>
»Color me Beautiful. Entdecken Sie Ihre natürliche Schönheit durch Ihre Farben«.
Hallwag-Verlag, Kemnath

<u>Waltraud Becker</u>
»Praktischer Ratgeber bei Allergien«. Verlag Natürlich und Gesund, Stuttgart

<u>Waltraud Becker (Hrsg.)</u>
»Kalender für die Vollwertküche«. Lichtwald Verlag, Oldenburg

<u>Eberhard Cölle (Hrsg.)</u>
Die Zeitschrift »Natürlich und gesund« erscheint alle 2 Monate im gleichnamigen Verlag.

<u>Roswitha Stempfhuber</u>
»Keime & Sprossen, Die besten Rezepte mit ausführlicher Warenkunde«. Mosaik Verlag, München

<u>Max-Otto Bruker</u>
»Unsere Nahrung – unser Schicksal«.
E. M. U., Lahnstein

<u>Werner Kollath</u>
»Die Ordnung unserer Nahrung«.
Haug Verlag, Heidelberg

Lebenskunde Magazin für GesundheitsPraktiker erscheint alle 2 Monate im Waldthausen Verlag, Ritterhude b. Bremen

Harvey und Marilyn Diamond
»Fit für's Leben. Gesund und schlank ein Leben lang«. Waldthausen Verlag, 2863 Ritterhude b. Bremen, oder als Taschenbuch aus dem Goldmann Verlag, München

Adam Adler / Hanswerner Mackwitz
»Öko-Tricks und Bio-Schwindel. Wie uns Wirtschaft und Politik für dumm verkaufen«.
Orac Verlag, Stuttgart

Dr. Deepak Chopra
»Gesundsein aus eigener Kraft. Mit Ayurveda zu neuem Denken über Krankheit und Gesundheit«.
BLV Verlag, München

Adiraja Dasa
»Vedische Kochkunst«. The Bhaktivedanta Book Trust

Dr. Vasant Lad
»Das Ayurveda-Heilbuch. Eine praktische Anleitung zur Selbst-Diagnose, Therapie und Heilung mit dem ayurvedischen System«.
Windpferch Verlag, Durach

Omeaam Mikhael Aivanhov
»Yoga der Ernährung«. Prosveta Verlag

In *»Das alternative Branchenbuch«* finden Sie eine Fülle von Adressen, Informationen und Beiträgen. Erschienen im AL-TOP Verlag, München.

Adressen von Ayurveda-Kliniken sind zu erfahren über die TM-Zeitung
Gesellschaft für Transzendentale Meditation
Postfach 1224
D-2862 Worpswede

Für alle, die viel unterwegs sind:

Thomas und Elvira Döpp (Hrsg.)
»Gesund speisen auf Reisen – Restaurants mit Vollwertküche in Deutschland, Österreich und der Schweiz«. Hädecke Verlag, Weil der Stadt

Informationen über den Segeltörn erhalten Sie beim: Oldtimer-Yachtclub, Schlesierstr. 5, D-8028 Taufkirchen, Telefon (089) 6 12 76 26

Wer Informationen über die geplante Öko-Siedlung oder das Seminarzentrum wünscht, schreibt bitte an:

Das Seminarzentrum
A-4894 Oberhofen 2
Telefon (06213) 270
(Bitte einen frankierten Rückumschlag beilegen, danke!)

Jeden 1. Mittwoch im Monat um 19.30 Uhr findet hier der Körndlbeißer-Treff statt.

REZEPTREGISTER

SACHREGISTER